法天下学术文库

刑事政策视阈下的犯罪理论与刑罚理论

XINGSHIZHENGCESHIYUXIADE
FANZUILILUN YU XINGFALILUN

单 佳 著

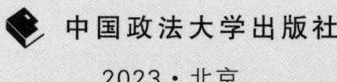

中国政法大学出版社

2023·北京

声 明　　1. 版权所有，侵权必究。

　　　　　2. 如有缺页、倒装问题，由出版社负责退换。

图书在版编目（CIP）数据

刑事政策视阈下的犯罪理论与刑罚理论/单佳著. —北京：中国政法大学出版社，2023.8
ISBN 978-7-5764-1101-0

Ⅰ.①刑… Ⅱ.①单… Ⅲ.①刑事犯罪－研究－中国②刑罚－研究－中国 Ⅳ.①D924.114
②D924.134

中国国家版本馆 CIP 数据核字(2023)第 179101 号

出 版 者	中国政法大学出版社	
地　　址	北京市海淀区西土城路 25 号	
邮寄地址	北京 100088 信箱 8034 分箱　邮编 100088	
网　　址	http://www.cuplpress.com（网络实名：中国政法大学出版社）	
电　　话	010-58908586(编辑部) 58908334(邮购部)	
编辑邮箱	zhengfadch@126.com	
承　　印	固安华明印业有限公司	
开　　本	720mm×960mm　　1/16	
印　　张	12	
字　　数	220 千字	
版　　次	2023 年 8 月第 1 版	
印　　次	2023 年 8 月第 1 次印刷	
定　　价	56.00 元	

风险社会下刑事立法政策的调整　代　序

　　2019年1月，在省部级主要领导干部研讨班上，习近平总书记提出坚持底线思维着力防范化解重大风险的要求，一时间"风险"一词在各行各领域被重点解读，"风险社会"理论全面进入大众视野。在瞬息万变的世界里，风险社会的内核是一种人为的不确定性：风险正是在人们努力建设的工业社会和现代化进程中形成的，并在全球化的过程中将风险蔓延到了全世界。在这个意义上，风险社会是一个世界风险社会。[1]

　　风险社会与工业社会的主要不同在于分配逻辑不一样。以工业革命为基础的阶级社会的发展动力在于进一步追求人的解放，与"平等"理念联系在一起，而以风险分配为基础的风险社会对应的规范蓝图则是"安全"，这也是风险社会的基础和动力之所在。风险的最大特征在于不确定性，越是如此，人们越试图追求某种确定。"不安全"社会的价值体系取代了"不平等"社会的价值体系。根本而言，在风险社会中，人们不再专注于获取"好"，而是极力避免最坏。[2]一种全社会共同对

---

[1] [德]乌尔里希·贝克：《风险社会：新的现代性之路》，张文杰、何博闻译，译林出版社2018年版，第9页。

[2] [德]乌尔里希·贝克：《世界风险社会》，吴英姿、孙淑敏译，南京大学出版社2004年版，第5页。

安全感的强烈需求将人们逐渐团结在一起并形成了一股社会力量，这种力量对社会管理提出了新要求。毕竟在阶级社会中，每个人都想要也应当分享社会财富的大蛋糕，自由是第一价值追求；但是在风险社会中，每个人的目标都变成了免受风险之害，安全有序的生活成为第一需求。

改革开放四十年来，我国已经做大了社会财富的蛋糕，通过分配机制基本摆脱了生存困境。2021年2月25日，习近平总书记在全国脱贫攻坚总结表彰大会上庄严宣告我国脱贫攻坚战取得了全面胜利，区域性整体贫困得到解决，完成了消除绝对贫困的艰巨任务。[1]习近平总书记指出，平安是老百姓解决温饱后的第一需求，是极重要的民生，也是最基本的发展环境；人民安居乐业，国家才能安定有序；当下我国社会治理的一大目标就是要创造和平稳定安全的发展环境，解决风险社会下人们的安全感问题。作为社会治理最强有力手段的刑事政策，在面临风险社会的挑战时，也需要根据我国犯罪形势的特点和社会需求作出相应调整，以继续有效担当保障使命。

一、风险社会下我国犯罪形势的新特点和社会新需求

从当前形势来看，虽然我们面临了国内外社会环境变化的巨大压力，但社会整体心态仍然位于相当正面的区间。即使面临自2020年以来新冠疫情暴发的艰难形势，我国社会仍然保持了相当的活力和极其强烈的致富欲望。乐观进取的态度、对未来强劲的信念、敢于前进的意愿、较为活跃的阶层流动性、城市化的超快速发展、基础设施建设的大踏步前进、未来科技的崛起……这些现象体现了社会发展的活力，同时也意味着高速运行的社会机制下潜藏着危机。

---

〔1〕"中国全面消除绝对贫困：谱写人类反贫困历史恢宏篇章"，载 https://news.gmw.cn/2021-04/30/content_ 34812651.htm，最后访问日期：2021年12月30日。

(一) 数字技术和网络社会使犯罪类型向隐蔽性、网络化方向发展，防范需求增加

社会学家费孝通先生在《乡土中国》中曾谈到血缘和地缘是中国传统社群的原始状态，存在稳定性、确定性和鲜明的层次感。传统的人际关系像是投石入水的涟漪，一圈圈扩展，愈近愈密，愈远愈疏，形成差序格局。[1]在这种格局中，人们身处熟人社会，相互之间的联系以直接的面对面交往为主，社会关系稳定且直观。然而，数字技术和网络社会扩展了人们的交往范围和交际能力，改变了人们的生活和行为模式。人们通过个体中继形成交往的"蛛网格局"，社会关系脆弱且单薄，技术媒介越来越成为人际交往和知识获取的中介。中介的存在补偿了线下交流的高成本和低效率，但同时也折损了面对面交流的信息量。这带来的直接后果是：其一，几乎所有的个体都有可能成为一个媒体中心和信息源，同时也是一个信息中继站，造成信息量空前巨大，信息内容鱼龙混杂，网络公共空间与私人空间被人为模糊了边界的问题，犯罪信息和犯罪意图也被掩盖在海量信息中，发现的难度和挖掘的可能性都更加渺茫；其二，技术风险的存在使得犯罪行为一旦在技术空间实施，波及的群体和造成的损失都是传统犯罪难以匹敌的。这突出地表现为互联网犯罪的主体范围扩大和受害者群体的广泛性，甚至可能出现当事人在不明就里的情况下参与了犯罪或成为被害人；其三，海量的信息源、发布者、发布路径以及随时推陈出新的信息内容和勾连手段让数字终端受众无所适从，加重了信息不对称，增加了受众辨别真伪的难度，也给互联网监管带来了新的挑战。近几年已经频频出现的电信诈骗、互联网诈骗、互联网金融非法吸收公共存款、电子货币诈骗、网络医疗诈骗、社交软件PUA、未成年人及特殊群体色情视频、个人信息泄露等一些

---

[1] 费孝通：《乡土中国》，人民出版社2008年版，第25~32页。

游离在罪与非罪、法与不法之间的模糊行为，已经严重影响社会稳定和人民生活，识别和防范需求已经成为数字终端受众的基本需求。

具有隐蔽性特征的网络相约刑事犯罪、伪基站、手机"黑卡"、"呼死你"骚扰软件、侵犯公民个人信息和黑客攻击等网络违法犯罪手法不断翻新。各类打着"舆论监督""法制监督""社会监督"等旗号在网上从事违法犯罪活动的"网络水军"团伙，与不法网站和媒体内部人员相互勾结，利用微博、微信公众号等平台以及境内外自建网站和通讯群组，频繁组织实施大规模编织并传播谣言甚至敲诈勒索、侮辱诽谤等活动。上海华住酒店集团信息被窃取案、江苏常州陈某等人跨国开设网络赌场案、福建莆田刘某"网络水军"团伙寻衅滋事案等典型案例显示其隐蔽性、破坏力、广泛性都远非传统犯罪可及。非法集资等涉众型经济犯罪的蔓延传播速度非常快，一些新兴经济领域如网络借贷、投资理财、养老服务、消费返利、虚拟货币、金融互助等，已成为涉众型经济犯罪的"重灾区"。广大民众热烈拥抱数字科技的热情在防不胜防的犯罪手段前备受打击，毫无防备地一脚踏入虚拟空间是极具风险的，人们需要各种工具来识别和防范这种风险。

（二）不稳定因素导致非传统类型犯罪增多，预测需求提高

随着我国改革开放和社会转型，经济和产业结构调整，社会不稳定因素也逐渐增多，预先防范和化解重大风险的需求一直存在。宏观来看，社会不稳定因素主要存在以下几个领域：

城镇化进程。城镇化是农业人口转变成非农业人口、农业地域转变成非农业地域、农业活动转变成非农业活动的过程。2018年末，全国总人口139 538万人，其中城镇常住人口83 137万人，占总人口比重（常住人口城镇化率）为59.58%。[1]这意味着中国城镇人口已经超过

---

[1] 数据来源参见国家统计局：《2018年国民经济和社会发展统计公报》，2019年2月28日发布。

了农村人口，城镇化进程逐步推进。这一过程带来的社会转型矛盾包括征地拆迁引发的社会矛盾及城镇化后低生活水平、城镇化后社会保障不完善、城镇化后生态环境恶化等引发的社会不稳定因素。[1] 截至2018年底，全国农民工总量为28 836万人，比上年增长0.6%。其中，外出农民工17 266万人，本地农民工11 570万人。农村居民人均可支配收入中，工资性收入占41.0%。农村贫困发生率1.7%，贫困人口1660万人。[2] 这些不稳定因素和上述数据表明，城市和农村群体融合面临较大压力，贫富差距、机会差距、资源占有差距等都会产生相对剥夺感，引发社群对立；利益格局调整、社会保障不到位，机会不平等，容易滋生挫折心理，发生越轨行为；个体判断能力有限、信息不对称、偏见和从众心理，容易形成大规模受害群体和集体加害行动。城镇化进程是我国工业化建设的必经之路，但这一过程中面临的社会、经济和政治系统的挑战不容小觑。

新兴科技和新兴行业领域。2018年11月26日，南方科技大学副教授贺建奎宣布一对名为露露和娜娜的基因编辑婴儿于11月在中国健康诞生。[3] 这一以生殖为目的的人类胚胎基因编辑事件引发了全世界的震惊和警醒，即面对新技术带来的诱惑，人类是否有足够的理智控制自己想成为上帝的欲望？人工智能、基因编辑、远程医疗诊断、自动驾驶、无人机、服务机器人等领域，正处于风险投资火热的野蛮生长阶段，科技发展带给人们便利生活的同时也带来了各种风险，使得新技术本身变成了一个不稳定因素。党的十八大以来，电子商务、数据消费、现代供应链、互联网金融等新技术新模式日新月异，利用行业特点衍生的新犯

---

[1] 李光钰："城镇化进程中的社会稳定维护探析"，载《山东警察学院学报》2015年第4期。

[2] 数据来源参见国家统计局：《2018年国民经济和社会发展统计公报》，2019年2月28日发布。

[3] "广东初步查明'基因编辑婴儿事件'"，载http://www.xinhuanet.com/local/2019-01/21/c_1124020517.htm?baike，最后访问日期：2020年11月2日。

罪模式不断增多。2018年至2020年第一季度，全国公安机关共立非法集资、传销等涉众型经济犯罪案件近1.9万起，涉案金额约4100亿元；涉案金额超过百亿元、涉及投资者超过百万人的"双百案件"屡有发生；摧毁重大跨区域犯罪网络200余个，依法查办涉嫌非法集资犯罪P2P网贷平台400余个。[1]新兴行业和领域带来前所未有的新风险，在目前的科技发展程度下，人们无法充分预测可能出现的影响。

互联网领域。近年来，传统犯罪借助互联网加持产生了不同于以往的破坏力量。毒品犯罪另辟蹊径，借道互联网有了新情况。互联网在毒品犯罪中不仅发挥购销渠道作用，而且几乎形成制毒、贩毒、吸毒交流的全产业链条。部分吸毒人员在网上聚集交流吸毒体会、相约集体进行吸毒活动、引诱发展新吸毒人员。部分制贩毒分子通过互联网发布毒品及其他涉毒物品销售信息、交流制毒技术、联络实施毒品犯罪。毒品滥用不仅诱发盗抢骗等一系列违法犯罪活动，长期滥用合成毒品还极易导致精神性疾病，由此引发自伤自残、暴力伤害他人、"毒驾"等肇事肇祸案件，给公共安全带来风险隐患。[2]食品药品犯罪与互联网有了交集。互联网食品犯罪隐蔽性强、欺骗性强、扩散性快、社会危害大，食品安全犯罪形势依然复杂严峻，并且呈现新老问题交织、网上网下交织、境内境外交织、多种犯罪手法交织等新情况、新特点。[3]另有互联网赌博、互联网传销、互联网危险物品发布、制作、传播、买卖等犯罪领域的"互联网+"，伴随着真假难辨的海量信息，让无时无刻不身处网络的普通民众心惊胆战。传统犯罪治理手段对"互联网+"类型的

---

[1] "重拳打击非法集资等涉众型经济犯罪"，载http://www.mps.gov.cn/n2253534/n2253535/c6497032/content.html，最后访问日期：2020年11月2日。

[2] "《关于加强互联网禁毒工作的意见》解读"，载http://www.mps.gov.cn/n6557563/c4925684/content.html，最后访问日期：2020年11月2日。

[3] "公安部召开新闻发布会就打击危害食品安全犯罪工作情况答记者问"，载http://www.mps.gov.cn/n6557563/c6552817/content.html，最后访问日期：2020年11月2日。

非传统犯罪束手无策,人们对网络信息的可预测性、可识别性和确定性需求增强。

(三) 外部国际环境刺激国内极端思潮暗涌,安全需求成为首要需求

经济上,我国面临着喜忧参半的国际形势。一方面,疫情全球化和中美贸易战,给我国经济和科技发展造成极大压力;另一方面,中国发起的"一带一路"倡议正在得到越来越多国家的响应,中国对外投资和建设的影响力正在逐步扩大。政治上,全球正在遭遇不可逆转的社会动荡。能源危机、粮食危机、难民危机、人道主义危机等已经实实在在发生,西方国家利用掌握话语霸权的优势不断造谣污蔑我国,意图将我国也拉入战争泥沼。意识形态上,新自由主义在经济领域遭受困境,引发了人们在思想意识领域对自由主义的反思和批判;西方国家的左翼和右翼群体都不同程度地走向极端化,民粹主义再次兴起,不断制造新的阶层矛盾,破坏了现有的国际和国家秩序,但缺少建设新秩序的思想内核;宗教极端主义的组织性、暴力性、蔓延性越发突出,而各国对于宗教极端主义的认知存在巨大差异,导致全球统一行动打击宗教极端主义的效果极低,其伴生产物"恐怖主义"在全球的活动中又呈现出新特点,打击和预防的难度增大;其他类型的极端主义,打着女权、动物保护、环境保护的名义,散播极端思想,利用诉讼、制造社会事件、网络煽动情绪等方式不断侵占意识形态领域阵地。越是在国内外面临复杂严峻的形势,我们对国内安全稳定的需求就越高。

二、风险社会下我国刑事立法的变化趋势

1997年《刑法》实施以来,我国社会经历了巨大的变迁,外部环境和内部发展都呈现出剧烈变动,社会治理的综合性和精细化要求也不断提高。二十多年来,伴随着改革开放和工业化、现代化的进程,我国

陆续颁布了 11 个刑法修正案，刑法典的体量逐渐增大，罪名也逐步增多，现已增加到 483 个。宏观上看，我国刑事立法变化趋势可以体现在以下几个方面：

(一) 立法模式的变化：回应型立法增多

法的安定性是法律的重要特征之一，尤其刑事法这种对人民的基本权利和行为模式有重大影响和引领作用的法律，更应当保持相当的稳定性，以充分实现罪刑法定原则。刑法本身具有最后手段性，在法律体系中具有惩罚终局性，一直以来承担着最后保护法的任务和扮演着辅助性、消极性角色。但刑法在风险社会的背景下的角色作用已经在逐渐发生变化，其积极的社会防卫机能增大，扩张趋势明显。这种扩张一方面是为了不断适应我国社会发展的新情况和新问题，另一方面则是为了回应广大人民日益增长的安全需求。

回应性立法表现为立法者为了满足社会期待而不断修改刑事法律，致使刑事法律的内涵和范围不断扩张，以此显示国家对相关风险的关注和抗衡。我国刑法的回应性立法主要体现在以下几个方面：一是通过刑法修正案增加新罪名、扩张罪质和刑罚适用范围。自 1997 年《刑法》颁布以来，我国刑事立法通过 11 个修正案，将颁布之时的 413 个罪名增加至目前的 483 个。其中典型的如妨害安全驾驶罪（《刑法修正案》(十一)）、高空抛物罪（《刑法修正案》(十一)）、非法植入基因编辑、克隆胚胎罪（《刑法修正案》(十一)）、冒名顶替罪（《刑法修正案》(十一)）、袭警罪（《刑法修正案》(十一)）、非法利用信息网络罪（《刑法修正案》(九)）、帮助信息网络犯罪活动罪（《刑法修正案》(九)）、一系列恐怖犯罪罪名（《刑法修正案》(九)）、危险驾驶罪（《刑法修正案》(八)）、侵犯公民个人信息罪（《刑法修正案》(七)）等，都是在呼应人们对风险社会的不安及由此产生的加强治理和打击犯罪的强烈需求。与 1997 年《刑法》相比，现阶段我国《刑法》中的强奸罪（《刑法修正案》（十一）增加奸淫不满十周岁的幼女或者造成幼女伤害的加重情节）、妨害传染病防治罪（《刑法修正案》（十一）增加出售、运输疫区中被传染病病原体污染或者可能被传染病病原体污染的物品，未经消毒处理的情节）、抢夺罪（《刑法修正案》（九）增加多次抢夺情节）、盗窃罪（《刑法修正案》（八）增加入户盗窃、携带凶器盗窃、扒窃等犯罪情节）、敲诈勒索罪（《刑法修正案》（八）增加多次敲诈勒索情节）、寻衅滋事罪（《刑法修正案》（八）增加纠集他人多次实施且严重破坏社会秩序的加重处罚情节）、妨害动植物防疫、检疫罪（《刑法修正案》（七）增加引起重大动植物疫情危险，情节严重的具体危险犯并增加本罪的单位犯罪处罚条款）、非法经营罪（《刑法修正案》（七）增加非法从事资金支付结算业务的行为类型）、生产销售不符合医用标准的器材罪（《刑法修正案》（四）将其从结果犯修改为具体危险犯）等具体罪名，还有一些与网络犯罪、环境犯罪、恐怖犯罪有关的罪名的犯罪构成，已经改变了该罪名最初设立时的一般条件；还有为呼应严厉打击贪污贿赂犯罪、恐怖主义犯罪、黑社会性质组织犯罪等的需求而采取的限制缓刑、减刑、假释以及特别的刑事诉讼程序等措施。

二是通过司法解释加强刑法对特定犯罪的适用性和司法机关应用法律的同一性，并对"民意"作出及时反应。《刑法》及修正案的立法过程较为漫长，而司法解释的内容是对于现实生活中发生的具体案件，应当以及如何适用刑法的相关规定。近几年，部分司法解释旨在发挥刑事政策的作用，对民意的呼应明显增多。如《关于办理利用信息网络实施诽谤等刑事案件适用法律若干问题的解释》《关于办理环境污染刑事案件适用法律若干问题的解释》《关于审理拒不支付劳动报酬刑事案件适用法律若干问题的解释》《关于办理妨害信用卡管理刑事案件具体应用法律若干问题的解释》《关于办理利用未公开信息交易刑事案件适用法律若干问题的解释》《关于办理操纵证券、期货市场刑事案件适用法律若干问题的解释》《关于办理非法从事资金支付结算业务、非法买卖外汇刑事案件适用法律若干问题的解释》等一系列解释规范文件，及时呼应了民众对相关犯罪加强治理的需求。还有一些司法解释是为了实现一般预防而制定，如2013年9月发布的《关于审理编造、故意传播虚假恐怖信息刑事案件适用法律若干问题的解释》，是在当时全国各地陆续发生一系列编造、故意传播"飞机炸弹""恐怖袭击"等事件，已经严重影响社会秩序的背景下出台的。该解释明确界定了"虚假恐怖信息"的范围及应当追究刑事责任的具体情形，既是打击犯罪的现实需要，也是对广大群众的宣传和告诫，其预防功能大于惩罚功能，是刑事政策刑法化的典型表现。

三是通过发布指导性案例和相关司法文件，引导法律适用，标示国家立场。自2012年1月1日至2017年7月12日，共有531件案件参照指导性案例，其中，民事案件489件，行政案件35件，刑事案件7件。[1]如《关于办理"套路贷"刑事案件若干问题的意见》《关于办理恶势力刑事案件若干问题的意见》《关于办理实施"软暴力"的刑事案件若干问题的意见》《关于办理非法集资刑事案件若干问题的意见》等文件直接明示了国家司法机关在相关犯罪治理领域的立场和具体做法。从2012年起，最高人民法院已经发布指导案例112例，其中刑事指导案例22例，[2]涉及包括开设赌场、破坏计算机信息系统、非法经营、故意伤害（正当防卫）、假冒注册商标、拒不执行判决裁定、危险驾驶、拒不支付劳动报酬、盗窃、诈骗、抢劫、非法买卖储存危险物质、故意杀人、贪污、受贿等犯罪在内的关于犯罪认定和刑罚适用等相关问题。

---

[1] "指导性案例适用情况分析报告"，载http://www.court.gov.cn/fabu-xiangqing-88832.html，最后访问日期：2020年11月2日。

[2] 根据最高人民法院发布指导案例情况自行统计，时间截至2020年1月。

从性质上看，这些指导性案例和司法文件并不是正式立法，其法律效力也远比不上《刑法》、刑法修正案及相关司法解释，但是，指导性案例更多地发挥了政策的引导作用，宣示了国家在处理类型案件时的态度。指导性案例和相关司法文件的效果路径，一是通过舆论宣传，实现政策的传播和接收，达到一般预防的效果；二是通过司法体系内部将政策精神层层贯彻到底，在具体个案办理过程中符合国家预期的适用法律，实现特殊预防。

（二）立法功能的变化：从严苛惩罚到社会防卫

面对风险社会中犯罪模式的变化，犯罪控制的手段既可以采用正式的社会控制，也可以采取非正式的社会控制。正式的社会控制一般是通过法律手段来实现的。我国现行的1997年《刑法》是面向传统犯罪的正式社会控制手段，结合我国的法律文化和当时的社会现实，从严惩处的理念深入人心。根据白建军教授的定量分析结论，截至2004年，我国对总体上的犯罪问题反应"择重"，历史发展时序上表现"趋重"，对悖德性较弱的犯罪评价相对"偏重"。从立场分析的角度看，这意味着刑事政策主体对犯罪现象的容忍度较低，或者说对犯罪问题反应激烈，立场强硬，态度坚决。面对宽宥还是苛厉的选择时，我们更多情况下选择了苛厉。[1]苛厉在刑事政策中的具体表现可以体现为司法解释中对入罪情节的扩张、从重处罚、加重处罚等规定远远多于对免于刑事处罚、不作为犯罪处理的出罪情节的规定。刑事立法更加侧重惩罚功能的实现，缺少可供选择的较为丰富的非刑罚处罚措施，刑罚几乎是唯一的控制手段，不同的只是在刑种和刑度上的区别。

德国著名刑法学家李斯特以确定的犯罪人格为基础，提倡刑罚个别化，倡导有助于实现法益保护和社会防卫刑罚目的的刑罚方式。从其最

---

[1] 白建军："刑事政策的运作规律"，载《中外法学》2004年第5期。

为经典的"最好的社会政策就是最好的刑事政策"一语可见,李斯特的刑事政策思想的核心,就是用社会政策来消除产生犯罪的社会因素,用刑罚个别化来改造犯罪人实施犯罪的个人原因。"能矫正的罪犯应当予以矫正;不能矫正的罪犯应使其不致再危害社会。"[1]2015年,《反恐怖主义法》第29条规定了对实施恐怖活动、极端主义活动情节轻微,尚不构成犯罪的人员应当由公安机关组织相关机构对其进行帮教;第30条规定了对恐怖活动罪犯和极端主义罪犯被判处徒刑以上刑罚的,应当在刑满释放前接受社会危险性评估,对确有社会危险性的,应当在刑满释放后接受安置教育。2015年《刑法修正案(九)》新增了职业禁止制度,是非刑罚处罚措施在我国刑法典中另一突破。2011年《刑法修正案(八)》规定了对判处管制、宣告缓刑的犯罪分子,人民法院可以根据犯罪情况禁止其从事特定活动,进入特定区域、场所,接触特定的人,宣告禁止令。《刑法修正案(八)》同时还增加了对判处管制、宣告缓刑、假释的犯罪分子依法实行社区矫正的规定。禁止令和社区矫正的规定是非刑罚措施在社会预防与刑罚执行方面的一大突破。2016年,最高人民法院出台《关于办理减刑、假释案件具体应用法律的规定》,2019年5月又出台了补充规定,指出减刑、假释的适用应当贯彻宽严相济刑事政策,严格考察减刑、假释的适用条件,最大限度发挥刑罚的功能,实现刑罚的目的,并对减刑、假释的条件、对象、程序、期限、幅度、限制使用等具体内容做出要求。综上,在刑事立法的功能上,体现社会防卫的形式和实质犯罪化的规范不断增多,如增设危险驾驶罪、网络空间的寻衅滋事罪等;非刑罚化的措施也逐渐增加,如上述提到的安置教育、禁止令、社区矫正等;刑罚个别化的特点也逐渐突出,如减刑、假释的适用条件,累犯、再

---

[1] [德]弗兰茨·冯·李斯特:《德国刑法教科书》,徐久生译,法律出版社2000年版,第92页。

犯的特殊处遇等。

(三) 立法价值取向的转变：从自由优先到秩序优先

刑事政策价值目标即自由、秩序、正义、效益以及他们之间的互动关系。[1]古典刑法理论以自由为最高价值，其刑事立法立足于惩罚对自由的侵犯。只有在侵犯他人自由的场合才能够实施惩罚，除非给他人的权利造成侵害，否则个体的自由不应当受到限制。刑法成为为国民圈定行为边界的工具，只有个体逾越了边界而对他人的自由造成损害或者有损害的威胁时，国家刑罚权的力量才能够被允许介入。国家通过对个案进行刑罚处罚的特殊预防来实现对社会整体的一般预防，罪刑相适应是实现预防效果的基本手段。到李斯特时期，虽然他提出了社会防卫的理念，但社会防卫的实现主要是通过在执行层面上策略性地运用处遇分流的手段来实现预防效果，刑罚只是执行的手段之一。因此，在罗克辛看来，李斯特将作为体现整体社会意义之目的的、与犯罪作斗争的方法，也就是刑罚的任务，归于刑事政策，而法律的平等适用和保障个体自由免受"利维坦"干涉的法治国——自由的机能则归于刑法，[2]即存在一条"李斯特鸿沟"。从中可见，即使李斯特已经提出了国家策略的预防性功能，但仍然保留了对自由权利的根本尊重，并未突破国家刑罚权的界限。

然而，随着风险社会的来临，国家的任务被提前至犯罪尚未发生时就能发现并去除或预防，从而避免更为严重的后果发生。事后惩罚被认为是防卫无效而被动补充的手段，"预防优于惩罚"的理念深入人心。2001年美国"9·11"事件以后，各国公民对自身安全的忧虑空前提

---

[1] 严励："刑事政策的价值目标——刑事政策的理性思辨之一"，载《法制与社会发展》2003年第5期。

[2] [德]克劳斯·罗克辛：《刑事政策与刑法体系》，蔡桂生译，中国人民大学出版社2011年版，第4页。

升，以美国的"爱国者法案"为代表的一系列应急法律相继出台，极大扩张了警察的权力，突破了公权力介入公民自由权利的边界。充满了"控制""安全""预防""避免"的语境不断出现在各国的立法中。这既是对公民渴望安全与秩序的立法回应，也是国家维护社会稳定，创造安全发展环境的内在要求。为了降低由风险所造成的不安全性，积极刑法观开始发挥作用。人们愿意让渡一部分自由权利换取安全确定的生存环境，并进而默许了国家在立法上的价值转向。这种转向在具体的立法操作层面体现为国家刑事法在犯罪论上的扩张和刑罚适用的范围扩大上。犯罪论方面的转变体现在：①创设了一些轻微罪罪名，如妨害安全驾驶罪（《刑法修正案》（十一））、危险作业罪（《刑法修正案》（十一））、危险驾驶罪（《刑法修正案》（八））等；②预备行为的实行行为化，如准备实施恐怖活动罪（《刑法修正案》（九））；③帮助行为正犯化，如帮助恐怖活动罪（《刑法修正案》（三））；④增加危险犯类型，如妨害药品管理罪（《刑法修正案》（十一）将其从实害犯修正为具体危险犯）等。刑罚论方面的转变体现在：①新的刑罚执行方式和非刑罚措施被纳入实施，如社区矫正、禁止令、针对特殊犯罪分子的限制适用缓刑、假释、减刑等；②刑事责任确认阶段设置了针对贪腐犯罪、恐怖主义犯罪、危害国家安全犯罪等的特别刑事诉讼程序等。

从上述变化趋势可以看出，我国的刑事立法政策已经在相当程度上摆脱了被动立法的做法。尽管有些立法是为了呼应民意的"回应性立法"，但仔细分析政策内容可见，国家的主动治理趋势非常明显，超前的立法不乏少数。虽然国家已经在竭尽全力意图实现良法善治，但我国的刑事立法政策仍然面临高风险社会治理的巨大挑战。

三、风险社会下我国刑事立法政策的调整

面对错综复杂的国际形势和日益增加的国内社会治理的风险性，满

足广大民众呼声日甚的"动用刑法解决一切问题"的直白要求似乎比以往任何时候都更能赢得支持。但这恰恰是立法者和法律从业者应该警惕的陷阱：寻求防范和化解风险的方法不是为了简单迎合民众口味，否则将会把整个社会带入更加混乱的泥潭。风险社会下我国刑事立法政策的调整应当从如下方面入手：

（一）立法目标上：设法控制风险并尽量公正地分配风险

法国著名刑事政策学者米海伊尔·戴尔玛斯·马蒂认为："刑事政策，与所有其他政策一样，是以权力配置为基础的社会生活的组织形式，以决定财产的分配，保障各类组织的运行，并确立基本价值。"[1]风险社会中，刑法体系始终面临如何在权利保障与风险控制之间保持平衡的问题。风险社会的风险是工业社会和现代科技的伴随产物，人们用来应对风险的现代治理机制和各种治理手段，本身也会滋生新型风险。这种情况下，风险成为现代社会的一个必然伴生物，社会无法随意接受或拒绝风险，它就是一个客观存在。

设法控制风险，至少包括了两层含义，一是接受风险存在，承认风险的伴随性。任何一个政策的出台，或者一部新的立法，虽然意图是在规制社会实现有效的社会治理，但仍然会产生对后果不确定性的担忧。刑事政策作为一种对社会关切的回应，是国家主动"管理"这种不确定性的切实表现。归根到底，国家的回应还是一种政治和治理需要，只有先承认，才能想办法规制；二是设法将风险的量控制在可以接受的范围内。这考验着统治者的智慧和公民的容忍程度。作为一种相对灵活的社会治理工具，政策充当了社会运行和刑法规范之间的中介。可以使用政策的形式来试探社会的反应，感知风险的大小，最终决定是否构造刑

---

[1] [法] 米海伊尔·戴尔玛斯-马蒂：《刑事政策的主要体系》，卢建平译，法律出版社2000年版，第26页。

事立法。

公正地分配风险与公正地分配财富体现了不同的分配逻辑。财富分配的逻辑是，在确定和保障公民平等和自由的基础上，面临收入和财富不平等的现实客观情况，"在机会公平和平等的条件下职务和地位向所有人开放"[1]，即通过机会正义实现结果正义。机会正义强调机会均等，结果正义并不是分配结果实现均等，而是指结果的公正性。经济基础决定上层建筑，在财富分配的逻辑下，任何通过不公平的手段获取非正义的财富（广义上的）都应该承担相应的后果，这也是一般刑事政策的内在逻辑。风险分配则有所不同。风险分配的对象是"风险"，是一种社会成本而不是社会成果。社会风险伴随着现代化的过程而产生，一部分源自体系本身，无明确制造主体的风险应该由全社会共同承担风险责任；另一部分有明确责任主体的风险，则应当坚持以风险行为为核心进行责任分配的基本逻辑。除此之外，还应当考虑到在风险社会中，不同的主体基于其自身条件的众多差异而导致在认知和抵抗风险的能力上差别很大，"风险社会中基于禀赋、出身、教育与环境等差别所导致的差异最终将归结和体现为能力的差异，贫富之分、强弱不同、贵贱有别都可追溯为能力层面的差异化所致，而缩小差别的目标正是提升底层阶级、弱势群体的风险应变能力"[2]。因此，刑事立法政策在风险分配上，除了坚持"谁生产、谁负责"的风险责任原则之外，还应当考虑到风险生产者的能力大小来合理地分配责任后果。例如，基于互联网平台的各种诈骗、传销、非法集资、个人信息泄露等犯罪行为，行为实施者自然应当承担相应的犯罪后果，但互联网平台本身即网络服务提供者

---

[1] [美]约翰·罗尔斯：《正义论》，何怀宏、何包钢、廖申白译，中国社会科学出版社1988年版，第84页。

[2] 潘斌："风险社会的正义分配：基于差别原则的正义衡量"，载《华中科技大学学报（社会科学版）》2018年第5期。

不履行网络安全管理义务的行为对结果的贡献力也应当予以考虑。而现实中所发生的一系列相关案件，网络服务提供者几乎都被免除了责任，"拒不履行网络安全管理义务罪"形同虚设。[1]

(二) 立法指导原则上：保持刑法的谦抑性，谨慎扩张

在一个科学的刑事政策体系中，刑法干预应该具备"必要性"或"最后性""附属性""经济性"，体现刑法谦抑性的原则。[2]刑法是以犯罪已成事实以及社会资源的巨大浪费为启动前提的。根据刑法谦抑原则，我们应当尽量少地支出社会成本，最大量地获得遏止犯罪的社会效果。相反，刑事政策力求在刑法启动之前穷尽各种治理手段，把犯罪发生的概率以及对社会造成的不良影响降到最低。

不可否认，刑法客观上有规范社会秩序的功能，但是不应当将这种功能无限地扩大。在规范社会秩序方面，我们有其他的部门法同时在发挥作用。风险社会中的风险的产生是基于现代化过程本身，对风险的控制和治理也远非刑事法一个部门法就能够一劳永逸地解决。刑事法的过分扩张容易造成其他部门法不扬，造成刑事法和其他部门法的"角色定位"混乱。其他部门法萎缩自然就会导致其他部门法的预防机制和预防功能匮乏，并导致社会治理过分仰仗刑法工具，长远来看是对国家权威的一种损害。

"法律不理会琐碎之事"，但风险却无处不在，且民众往往就是在现实生活中遭遇了诸多"琐碎之事"，为求得短平快的处理效果，动辄呼吁动用刑法工具。最近几年在网络和媒体上被频繁讨论的"见危不救""欠款不还"应当入罪，"对拐卖妇女儿童的犯罪分子一律判处死刑"等话题，都是民众认知不够而模糊了罪与非罪、轻罪与重罪界限的

---

[1] 作者在"中国裁判文书网"以"拒不履行网络安全管理义务罪"为关键词搜索，结果为"暂无数据"，搜索日期：2022年4月21日。

[2] 卢建平："刑事政策学的基本问题"，载《法学》2004年第2期。

情绪宣泄。立法机构如果一味迎合民意，则是在一味强化刑法的威慑效果，扩大了刑法的一般预防功能。这固然能够在短期内平复民众情绪，但并不能从根本上消除风险。长期来看，刑法全面涉入家庭领域、道德领域的社会管理活动，必然也收缩了公民自由权利的空间。实现善治未必"言必称刑法"，充分调研社会情况，利用其他部门法律和社会规制手段，调动国家行政部门、社会团体、民间组织、公民个人的力量共同协作才是治本之道，也符合国家治理体系和国家治理现代化的基本立场。

（三）立法技术上：以评估风险为前提的科学化刑事立法

通过科学的刑事政策设计，可以一方面避免产生新的社会风险，一方面减少犯罪量的增加。根据储槐植教授的观点，刑事政策对刑法具有导向与调节两大功能，其导向功能主要体现在划定打击范围、确定打击重点、设定打击程度与选定打击方式上；其调节功能则体现在其构成了刑事立法与刑事司法之间沟通的"中介"（即内部调节），同时也构成了刑事法律与外部社会状况之间的调节器（即外部调节）。[1]科学的刑事政策的确立，应当以严格可信的实证犯罪学为基础，重点是考察原因—行为—结果之间的因果关系和内在机制，在此基础上设定刑事政策的目标，再通过刑事政策对刑法的导向和调节功能，通过立法过程实现刑事立法。

风险社会中的刑事法规范呈现出日趋复杂化的趋势，这取决于风险社会背景下刑法机能从早先偏重对行为主体个人自由的保障调整为行为主体必须对危险后果负责，由此产生了刑法领域诸多归责疑难问题；刑法的目的也从惩罚调整为预防或威慑。在社会防卫背景下，科学化的刑事立法的可靠进路应当是类型化：对于自然犯的立法，应当在人身危险

---

[1] 储槐植："刑事政策的概念、结构和功能"，载《法学研究》1993年第3期。

性评估的基础上，更加注重刑罚适用和保安处分的选择，能矫正的予以矫正，不能矫正的则采取措施使其不再危害社会；对于行政犯的立法，则必须考虑到具体现实，必须考虑到我国的经济发展和科技进步带来的潜在风险，更加注重犯罪论的构建。持有犯、危险犯、严格责任、过失犯等在现代刑法中的大量扩张，让刑法渐渐失去了最后保障法的权威而逐渐成为一项规制性的管理工具，这种转变的科学性有待商榷。

（四）立法价值选择上：维持在自由和秩序之间的平衡

刑事政策对自由的保护，即国家通过惩处和预防违法犯罪，使公民的权益免受不法侵害，保护公民的人身自由权、民主权利、财产权利和其他权利，保护公民的基本利益。刑事政策对自由的保障，即国家在预防、控制犯罪的时候不得侵犯公民的自由。[1]刑事政策的自由和秩序价值，反映在实践中，就是刑事政策的保障人权功能和保护社会功能。所谓的平衡，并不是指将这两大功能平均用力，等量齐观，而是应当在社会现实的基础上，根据实现善治的实际情况和需要进行适当调整。

风险社会中，一些传统犯罪或者有了新的激发原因，或者衍生了新的犯罪手段，或者造成了比以往更大的破坏后果，这对社会治理能力提出了更大的挑战。从治理效率角度来看，预防犯罪远比惩罚犯罪的效率更高。正是在这种认识下，我国的刑事法律出现了向风险刑法或安全刑法转向的趋势，刑事政策的价值取向上也更加倾向于保护社会的秩序价值。这一转变从刑法修正案、司法解释和指导性案例的内容上可见一斑。2015年底制定的《反恐怖主义法》和2018年初开始的扫黑除恶专项行动更是将全面预防贯彻到了极致，如刑法处罚范围扩张（直接增设罪名），刑事处罚时间提前（预备行为犯罪化），刑事处罚标准降低

---

[1] 严励："刑事政策的价值目标——刑事政策的理性思辨之一"，《法制与社会发展》2003年第5期。

（入罪情节标准降低），司法行政机关权力扩大（特别侦查手段等）等。2020年底出台的《刑法修正案（十一）》也着眼于生物科技、高层建筑、未成年人保护等社会高风险治理领域而增设罪名。一系列行动充分表现了我们的政策导向已经从注重事后惩罚转向了事前预防。从政策制定者的角度，这意味着制定者更愿意维持现有秩序不被破坏，而不是恢复被破坏的秩序。

为了实现对风险的预测，我们采取了各种预防措施，比如大街上随处可见的监控，乘坐公共交通工具出行时随时面临的身份检查等。虽然绝大多数人都能够配合检查，但不可否认，这种监控和检查等预防措施对公民自由的压缩和侵犯也是显而易见的。与此同时，我们并没有一个衡量机制来评估这些预防措施的实际效果，犯罪的发生或者未发生与预防措施的内在关系，措施产生效果的机制，措施投入和成效之间的成本——收益关系等。换句话说，我们其实是在用牺牲政策和法律的正当性和自由价值的代价来换取对不确定造成犯罪的预防。从影响范围上来说，这些规制措施对普通民众的影响远大于对犯罪分子的震慑，最容易受到限制的反而是普通民众的自由。

因此，在自由价值和秩序价值之间维持一种微妙的平衡，应当以充分的社会实证研究为基础，根据社会发展情况，综合使用社会治理人、财、物的制度设计，结合社会政策和刑事政策实现善治。现有条件下，理性现实的态度是，一方面要强化刑法内部的保障机制，另一方面则应当强化宪法对于刑法的合宪性控制，强调基本权利对刑法预防目的的制约作用。

四、小结

诡谲多变的国际局势、数字信息科技、我国的全面深化改革等诸多变革因素使得风险社会的不确定性越来越多，恐怖主义犯罪、有组织犯罪、经济犯罪、互联网和计算机犯罪、生物安全犯罪等不仅加剧了风险社会本身，而且也导致了额外的刑事政策和刑法的新问题。刑事政策上的预防性导向会不会将我国刑法全面带入风险刑法的领域尚未可知，但全社会对于确保安全的需求却日渐高涨。在自由和安全的关系上，如果使用刑法上高度侵犯性措施同时为涉案公民配置适当的保护措施，并且刑法上的特定保障得以尊重，那么有效的法律解决方案并不必然导致自由权利保护的减少。[1]——制度的设计有各种可能性，我们期待着这种两全其美的智慧解决方案。

---

[1] ［德］乌尔里希·齐白：《全球风险社会与信息社会中的刑法：二十一世纪刑法模式的转换》，周遵友等译，中国法制出版社2012年版，第2页。

目 录

代　序　风险社会下刑事立法政策的调整 / 001

第一章　刑事政策视阈下的犯罪理论（一） / 001

一、犯罪与犯罪化 / 002

二、犯罪化的根据 / 007

三、刑事政策与非犯罪化 / 012

四、非犯罪化的模式建立与路径选择 / 016

第二章　刑事政策视阈下的犯罪理论（二） / 020

一、非犯罪化的现实需求 / 020

二、非犯罪化的哲学渊源 / 022

三、非犯罪化的价值理念 / 026

四、非犯罪化的理论基础 / 033

五、犯罪化的标准与非犯罪化可能性 / 038

第三章　刑事政策视阈下的刑罚理论 / 054

一、非刑罚化与刑罚化 / 055

二、非刑罚化与刑罚化的辩证 / 059

第四章　刑事政策视阈下非刑罚化的中国选择 / 084

一、对中国"非刑罚化论"与"刑罚化论"的检视 / 084

二、中国非刑罚化与刑罚化的模式选择 / 089

第五章　刑事政策视阈下的刑罚轻缓化 / 103

一、刑罚轻缓化的内涵 / 104

二、刑罚轻缓化的历史必然性 / 108

第六章　刑事政策视阈下刑罚轻缓化的中国实现 / 119

一、中国实现刑罚轻缓化的理论根据 / 119

二、中国实现刑罚轻缓化的现实基础 / 126

三、刑罚轻缓化的中国实践 / 128

结　论　风险社会下刑事政策的基本立场 / 148

参考文献 / 158

第一章
刑事政策视阈下的犯罪理论（一）

作为一种"文明社会的野蛮现象"，犯罪问题已经成为当今世界普遍面临的最为严重的社会问题之一。政治国家出于本能选择了使用刑罚作为应对犯罪的反应方式，伴随着人类文明一并在历史上留下痕迹。在最一般的意义上，我们可以将政治国家这种以刑罚反应为核心的有组织的反应体系称为刑事政策。但是，刑事政策从诞生时注重刑罚的报应性、威慑性特征而消极抗制犯罪的政策，到作为治理犯罪的合适而且有效的手段并成为国家系统性的政策——现代刑事政策而加以推进，则是在欧洲启蒙运动时期才出现的。现代刑事政策就是国家和社会整体以合理而有效地组织对犯罪的反应为目标而提出的有组织地反犯罪斗争的战略、方针、策略、方法以及行动的艺术、谋略和智慧系统的整体。

刑事政策之所以引起人们的重视，应归功于人们对犯罪学（主要是对犯罪原因、各种刑罚制度的效果及犯罪预防问题）的深入研究。19世纪中叶以来，随着犯罪人类学派和犯罪社会学派的兴盛，人们对犯罪和刑罚的研究重点已经从犯罪行为转变为综合考虑犯罪者的生理、心理原因及人格形成与犯罪的社会环境因素。犯罪已经不再仅仅被看作是人的自由意志的产物，而是具有使其形成的更为复杂的社会原因。犯罪，被认为是社会综合病症的反映。因此，人们认识到，仅仅依靠刑罚是无法预防犯罪的实际发生的，必须综合运用包括刑罚手段在内的各种措施（如政治、经济、行政、民事等手段），才能从根本上预防犯罪，达到防卫社会的目的。这样，对刑事政策的研究越发引起人们的重视。

第二次世界大战以后，世界各国的刑事政策朝着两极化的方向发展，在"宽松的"和"严厉的"刑事政策两个不同方向上均有所建树。"宽松的刑事政策"，主要面向轻罪，既为了改善犯罪者处遇，又为了减轻执法机关的负担而采用的微罪处分、缓期起诉、保护观察等非拘禁的措施来代替关押执行等做法。"严厉的刑事政策"，是指对严重危害社会的犯罪，如毒品犯罪、恐怖主义犯罪、黑社会犯罪、恶劣的经济犯罪等，则又采取了从严处理的措施。

刑事政策的这一两极化趋向，对各国的刑事立法和司法活动带来了深远影响。"宽松的刑事政策"余波范围不断扩大，刑罚轻缓化的趋势成为世界潮流。对初犯、偶犯采用轻缓刑罚，甚至非刑罚的处罚方法成为普遍做法。在这一背景下，刑法体系逐渐让渡出一些管辖空间，行政的、民事的甚至调解的手段在解决社会矛盾和实现社会治理中体现出更大作用。非犯罪化思想一经出现，便引起西方刑法理论界的浓厚兴趣，对它的分析研究方兴未艾。人们普遍认为，"非犯罪化"是20世纪中叶以来刑事政策影响下的各国刑法最富新意的改革，对传统刑法观念产生了巨大的冲击。它犹如一阵春风，给欧美资本主义国家和苏联、东欧等社会主义国家的刑法注入了变革的动力。同样"非犯罪化"问题出现对我国刑法也具有理论和实践意义。

一、犯罪与犯罪化

（一）犯罪的概念和本质

古往今来，犯罪作为"文明社会的野蛮现象"，像一个挥之不去的幽灵，威胁着人类和平安宁的生活。人们痛恨犯罪，诅咒犯罪，用严刑惩治犯罪，欲除尽而后快。然而为什么有些行为被视为犯罪而受到严刑惩治，而另外一些同样不受欢迎的行为却没有被贴上犯罪的标签，犯罪行为和非犯罪行为有什么区别，犯罪的本质和特征到底是什么，人类始终未能达成共识。早期蒙昧时代，人们说犯罪是人类的"原罪"；中世纪，人们又说犯罪是违背神意的"罪孽"。近代世俗的刑法学者在解读犯罪的本质时，分歧则更为明显。因此，刑事政策特别是刑事立法政策要将特定不法行为犯罪化，首先必须科学地界定犯罪的概念和本质。

就其形式层面分析，犯罪可以被概括为现行刑事实体法明文规定科处刑罚的违法行为。任何违法行为，只要经由刑事实体法的规定而赋予刑罚以及类似的法律效果，即犯罪。在刑事立法政策选择过程中，不法行为的刑事可罚性是犯罪化的内在根据。特定不法行为虽然对社会构成严重危害，但是如果刑事实体法没有处罚该违法行为之具体规定，则不认为是犯罪。这是罪刑法定原则"法无明文规定不为罪"的当然要求。正是基于罪刑法定原则对司法权的限制，许多国家刑法典都明确规定了犯罪的形式概念。

形式的犯罪定义自18世纪以来即成为通行的犯罪观念，其最初的思想根基在于社会契约论的国家观念，即人民授权国家以法律来禁止或者命令某些行为。国家若无依据法定程序所公布实行的法律，则人民的自由不受限制。为使人民知悉何行为应为，何行为不应为，则必须通过刑事立法程序作出明确的界限，并加以公布施行。而当代的形式的犯罪定义的思想根基是奠基于民主主义和自由主义价值之上的罪刑法定。民主主义要求犯罪及其构成要件、法定刑的设置必须通过由全民意志的成文刑法事先加以规定，没有成文刑法的明文规定，就没有犯罪。形式的犯罪定义确定了刑事立法对行为犯罪化过程中必须赋予该行为的法律特征。为了具体配合刑事司法机关适用刑法定罪量刑，大陆法系国家的规范刑法学普遍在刑事犯罪定义的基础上，根据司法机关定罪过程递进收缩刑事责任追究范围的一般规律，进一步将犯罪的定义界定为符合犯罪构成要件、具有违法性与可责性而应处以刑事刑罚或保安处分的法效果的行为，或者更简约地概括为"犯罪是符合构成要件的违法而且有责的行为"[1]亦即具有构成要件该当性，违法性与有责性三个基本特征。但是，犯罪的形式概念没有说明刑事政策上赋予特定不法行为以刑法上的应罚性的根据，没有说明国家为什么对这些违法行为要科处刑罚，即没有揭示犯罪的本质特征。因此，不仅一

---

[1] [日]大塚仁：《刑法概说》（总论），冯军译，中国人民大学出版社2003年版，第90页。

些国家的刑法典试图超越犯罪的形式定义而对犯罪的内涵和本质作出实质性的界定，而且大陆法系的刑法规范科学亦在犯罪的形式定义之外不断探寻犯罪的本质的科学界定。

然而，迄今为止，各国刑法理论对于犯罪的内涵和本质，仍然存在多种不同的理解：

（1）社会危害性说，其强调犯罪的本质在于社会危害性。[1]

（2）权利侵害说，其是18世纪末至19世纪盛行的以启蒙时期的人权思想为背景而由费尔巴哈所主倡的关于犯罪本质的刑法理论。

（3）法益侵害说，其肇始于费尔巴哈的"权利侵害说"，但这种说法不能完全说明实体法所定的犯罪，因此，经过德国刑法学家毕尔巴模、宾丁、李斯特等人的推动，"权利侵害说"逐渐被改造为"法益侵害说"，成为德国刑法学的主流学说，并影响其他大陆法系国家刑法学。

（4）义务违反说，此说是由德国刑法学家沙夫施泰因提出的关于犯罪本质的学说，认为犯罪的本质与其说是侵害法益不如说是违反义务。

（5）折中说，此说是对"法益侵害说"和"义务违反说"的折中。[2]

（6）秩序违反说，此说是法国刑法理论和刑法实务关于犯罪的违法性本质的主流学说，认为，某种行为是否违反社会秩序而具有犯罪的本质，是随着时代、社会风俗、社会需要与目的的变化而变化的。

（7）规范违反说，主张刑法所要达到的效果是对规范同一性的保障，对宪法和社会的保障。[3]

笔者之所以要列举上述关于犯罪的内涵和本质的不同解读，是因为对犯罪的内涵和本质的界定不同，直接规制和影响刑事立法犯罪化过程的政策选择和作业方向。

（二）犯罪化的含义、基准及形式

犯罪化是指将不是犯罪的行为在法律上作为犯罪，使其成为刑事制裁

---

[1] [意]贝卡里亚：《论犯罪与刑罚》，黄风译，中国大百科全书出版社1993年版，第4页。
[2] 张明楷：《法益初论》，中国政法大学出版社2000年版，第270页。
[3] 李海东：《刑法原理入门（犯罪论基础）》，法律出版社1998年版，第15页。

的对象。[1]犯罪化,包括立法上的犯罪化和解释适用上的犯罪化。基于罪刑法定主义原则的基本立场,只有法律才能规定犯罪与刑罚,因此,立法是将一般行为犯罪化的主要途径。但是,司法实践中仍然存在通过有权解释将实质的犯罪纳入犯罪化的适用范围的做法。实质的犯罪只有经过这一步骤才能成为刑事司法的对象,因此,犯罪化是犯罪对策的出发点。实质的犯罪,在立法上确认其成为犯罪并可以适用刑罚之前,决不能由刑事司法任意处置。但是,与社会变动相应,反社会行为的形式也在发生变化。不仅如此,由于《刑法》禁止类推解释,因此,通过法律解释进行犯罪化的方法受到一定的限制。这样,现有的犯罪类型难以防止有害行为发生的状况时有发生。因此,在防止犯罪方面,应将什么样的行为认定为犯罪,便成为刑事政策最重要的课题之一。

犯罪化的标准,是指在立法及解释适用上将某种行为规定为犯罪的实质标准。犯罪化是抑制和减少反社会行为的重要手段。但是,刑罚是一种国家对个体的"恶害",因此,采用法益保护立场,考虑除了刑罚再无其他选择可以保护该法益的情况下,作为保护该种法益的方法,犯罪化是最后选择。意即,犯罪化不仅应当满足必要性,同时必须符合"谦抑主义"精神,才能为宪法所容许。

犯罪化包括立法上的犯罪化和法律适用上的犯罪化。

立法上的犯罪化基于《宪法》第37条规定,未经"法定程序"不得处以刑罚。本条是以犯罪和刑法应依的规定为当然前提的,体现了罪刑法定主义的基本内涵,即什么样的行为是犯罪,对其应当处以什么样的刑罚,均应当经过法定程序在制定法中明确加以规定。因此,以法律化以外的方法而进行的犯罪化不符合宪法精神。

刑法法规中规定不妥当的刑罚的时候,罪刑显失公平,违反罪刑适当原则,同《宪法》第37条的内容相矛盾。这种犯罪的危害和刑罚之间应当均衡的原理是罪刑相当原则。罪刑是否相当应以被侵犯法益的重要性程

---

[1] [日]大谷实:《刑事政策学》,黎宏译,法律出版社2000年版,第86页。

度和从维护社会秩序角度出发的处罚必要性程度为基准进行判断。

法律适用上的犯罪化，是指在解释、适用刑法规范时，将本刑法法规适用于迄今为止没有被作为犯罪予以惩罚的行为。即便是在解释、适用犯罪化的场合，也应当遵守如前所述的犯罪化的必要性及谦抑性标准，这是一定的。但是，第一，解释上的犯罪化应遵守以刑法规定为基础的严格解释即禁止类推原则。一些缺少刑法规制的行为，虽然有处罚的合理性和必要性，叠加国民对处罚该类行为的强烈意愿，但也绝不能使用类推解释将其犯罪化。第二，在适用上的犯罪化的场合，该刑法法规常年未被使用，因而被认为事实上已经废止时，应认为该刑法法规已失去了习惯法上的效力，对其适用不得认可。

(三) 中国的犯罪化模式

与有些国家采取的"立法定性+司法定量"二阶段犯罪化模式不同，我国刑法采取了"立法定性+立法定量"的犯罪化模式。即刑事立法除了在刑法分则条文中对该行为的社会危害性和刑事违法性做定性描述，还同时规定构成犯罪必须达到法定的数额、情节、严重后果等定量标准。应当承认，该模式从立法上限制了犯罪化的行为类型和行为程度，体现了一定的谦抑主义。但是，我国刑法采取这种具有中国特色的"立法定性+立法定量"的犯罪化模式也导致了刑法理论的困惑和适用解释的尴尬。一方面，我国刑事立法设计的犯罪概念"立法定性+定量"模式，是我国传统治国经验中"法不责众"的现代模板，发挥刑法谦抑主义的制度保障作用。另一方面，我国刑事司法实践也表明，刑法适用与运行机制中存在的许多重大问题往往也源于犯罪概念的定量因素。笔者认为，如何评价我国刑法采取的这一模式、如何完善我国刑法基本犯罪构成的定量设计，是一个值得刑事立法、刑事司法和刑事科学研究探讨的重大问题。在现代刑事政策的视野中，我国刑法对不法行为犯罪化所采取的这种模式，虽然利弊兼有，但仍然是利大于弊的明智选择。我国刑事立法政策在继续致力于严密刑事法网、严格刑事责任、实现我国刑法结构由"厉而不严"向"严而不厉"的结构性转变的同时，应当继续坚持并进一步完善这种"立法定性+

立法定量"的犯罪化模式。[1]

二、犯罪化的根据

所谓犯罪化的根据，即据何以犯罪化影响着立法者的刑事立法选择并且给司法者的刑事司法活动造成一定制约。能够成为犯罪化根据的因素大致包括以下几个方面：

（一）立法者对刑法机能的认识

所谓刑法机能，是指刑法在社会中可能和应该发挥的作用或者效果。一般有两种常见的理论分类：一是三分法，即将刑法机能分为行为规范、秩序维持（法益保护）、自由保障三种机能。一般认为，前者是刑法的形式机能，而后二者则是刑法的价值机能。二是二分法，即将刑法机能分为保护机能与保障机能两类。[2]

从法律的角度看，刑法机能有两个显著的特征：第一，刑法机能是矛盾的对立统一；第二，刑法机能相对有限。一般认为刑法机能中存在着内在的矛盾和对立统一并且刑法在现实中所能发挥的功能是相对的、有限的，而不是绝对的、无限的。例如，有学者提出了"无被害人犯罪"概念（CRIMES WITHOUT VICTIMS；VICTIMLESS CRIMES），[3]即认为对于成年人之间基于个人合意而实施的同性恋、堕胎、卖淫、吸毒、赌博等行为，没有必要进行刑罚处罚。但是对此问题也有重大分歧，如有学者主张，由于这些行为大多数是针对社会法益的犯罪，极大地侵害了社会风化、社会心理健康，因而仍然应当将其犯罪化，而不能简单地认为其不可罚。

由此可见，刑法机能是相对的、有限的，而不是绝对的、无限的、无

---

[1] 储槐植："严而不厉：为刑法修订设计政策思想"，载《北京大学学报（哲学社会科学版）》1989年第6期。

[2] 张明楷：《刑法学》（上），法律出版社1997年版，第21页。

[3] ［苏联］C.C.阿列克谢耶夫：《法的一般理论》（上册），黄良平、丁文琪译，法律出版社1988年版，第9页。

所不能的,这对我国刑事立法和司法应具有直接而重要的指导意义和深刻启示:不能片面夸大刑法的作用,更不能盲目相信刑法而滥用刑法。在刑事立法和刑事司法过程中,刑法立法者和刑事司法工作人员对刑法机能有着不同的理解,这必然会对他们利用刑法管理社会、调整社会生活的具体活动产生深远影响。[1]

(二) 立法者对犯罪机能的认识

犯罪是绝对丑恶的、消极的东西,还是具有相对的积极意义的因素呢?马克思主义的基本观点认为,犯罪并不是绝对丑恶的东西,而是具有其特定历史烙印并具有其相对积极性的东西。例如,革命行为在政府当局看来是一种"丑恶的、消极的"东西,但是在革命者、在人民大众的评判中,革命行为却是一种"美好的、积极的"东西,而且事实上,革命行为在人类历史中应当说是具有明显"积极机能"的一面。再如,就"计算机犯罪"而言,它的作用也不完全是消极的一面,还有积极的一面。并且,有的电脑公司还专门设置"擂台",公开鼓励那些"黑客"来攻击以实现电脑技术特别是网络安全防范技术的更新换代。迪尔凯姆公开鼓吹犯罪具有正面功能,认为犯罪是个人独创精神的体现,是社会道德意识进化的先导,能够不断打破禁忌、不断扩展人类的视野,拓宽人类的认识能力。可见,犯罪不是只有消极的一面,也具有积极的一面。正是在认识犯罪具有有限、相对的积极机能的前提下,马克思主义经典作家就讲过:犯罪创造了警察、检察官、法官和法学教授。

(三) 立法者对犯罪规律的认识

有不少学者认为,犯罪是与人类社会共生共有的现象,是不可消灭的,我国也有不少学者认为犯罪是人类社会的必然伴生现象。[2]然而,早期我国曾在理论上进行思考,并在实践中广泛宣传和灌输"消除犯罪"理论,认为犯罪可以从根本上被消除,而社会犯罪的根源在于剥削阶级和剥

---

[1] 谢望原:"刑罚价值关系论",载《法学家》1998年第3期。
[2] [意] 恩里科·菲利:《实证派犯罪学》,郭建安译,商务印书馆2016年版,第43页。

削思想的存在，只要消灭了剥削阶级，犯罪就可以被消除。因此，一旦面对汹涌的犯罪浪潮，我们就手足无措，缺乏理性的刑事政策思维，缺乏对犯罪与发展、犯罪与合理控制的辩证思维，总是幻想着消灭犯罪，从而将大量越轨行为带入刑法领域，结果并不如人意。此外，某些行为是否构成犯罪，是由特定的历史条件和特定人的认识所决定的。彼时彼地的犯罪，在此时此地可能无罪甚至会被鼓励。如"投机倒把"中的长途贩运行为、有偿中介行为，在我国1997年《刑法》中就是一个重罪，但在现行法律体制下却是一种合法行为；堕胎，在我国并不违法，相反它在很大程度上是贯彻执行计划生育政策的值得鼓励的行为，但是在其他某些国家，堕胎却是犯罪行为。那么，到底如何评价"投机倒把行为"与"堕胎行为"呢，这就涉及人们对犯罪规律的认识问题。对犯罪规律的不同认识，必然导致对犯罪化根据的不同认识。

（四）立法者对"社会危害性"的判断

众所周知，行为具有社会危害性是立法者将某种行为予以犯罪化的前提。但是，立法者是否可以不顾国情、人情、时间、地点而随心所欲地将某些行为犯罪化？显然也不行。就经济犯罪而言，立法者在决定是否将特定行为视为犯罪时，应考虑对社会危害性的判断和对刑法机能的理解、对犯罪功能的认识等因素。其中，首要考虑的可能是对行为社会危害性的判断。如何判断行为的社会危害性？从理论上讲，这种社会危害性判断一般要涉及判断对象、判断主体、判断标准等因素。

关于社会危害性的判断对象问题。以经济犯罪为例，当然应该是经济违规行为或者经济越轨行为。因此，经济犯罪以违反经济管理法规为前提条件。那些不违反经济管理法规的行为，理论上无法成立经济犯罪。在实践中，没有必要对他们进行刑事审查，也没有立案或逮捕的法律依据。但基于目前的情况，经济运行中"钻空子"的现象非常普遍，"经济越轨行为"屡见不鲜。而我国现行刑法基本上规定了一切经济越轨行为都是犯罪，基本实现了对各种经济越轨行为的全面制裁。这是一种过于宽泛地认识判断对象的犯罪化政策，对经济和社会产生了重大影响，甚至可能包括许多负面影响。由此可见，我国现行刑法关于经济犯罪的规定值得反思：大部分经济越轨行为不应或不必被纳入刑法规制的范围。

关于社会危害性的判断主体问题。一般来说，社会危害性的判断主体主要是立法者、司法者，广义上社会大众也被包括在内。

关于社会危害性的判断标准问题。通常认为，判断社会危害性的标准是社会效果。然而，这个标准是主观的。对此，判断者应当进行理性的、宽容的、全面的斟酌。即使有越轨行为需要惩罚，但也要注意一个"度"，不能过度惩罚、超量惩罚。

可见，在"社会危害性"的判断中，不同的评价对象，不同的判断主体，不同的判断标准，自然会得出不同的结论。这种不同的结论首先影响和制约着刑法立法者的立法活动，决定着一国刑法的立法活动和面貌；同时，这些不同的结论也影响和制约着司法机关的司法活动，决定着一个国家的司法现状。于是，对"社会危害性"的判断自然成了犯罪化的依据。

（五）立法者对刑罚功能的认识

人们普遍认为，刑罚有两种功能：一般预防和特殊预防。然而，刑罚功能面临的第一个问题是：刑罚是否无所不能？刑罚不是万能的。人类的历史实践，特别是刑讯逼供的实践证明，通过刑罚消灭犯罪是不可能的，这就涉及对刑法功能的理解。在这方面有两个问题值得注意：

一个问题是"可行性原则"，即我们是否可以通过惩罚的方式，有效地遏制一些犯罪行为。惩罚并非无所不能，对于某些犯罪，惩罚手段的预防效果无法发生，或者其预防效果极其有限。我们不应该迷信惩罚，认为惩罚可以解决所有的犯罪问题。[1]

另一个问题是"必要性原则"或"最后手段原则"，即这种行为是否必须通过刑罚的方式得到有效遏制。由于刑罚是对行为人施加的一种"恶害"，例如剥夺人身自由、剥夺财产甚至剥夺生命，这意味着它本身是非

---

[1] [美]詹姆斯·科尔曼：《社会理论的基础》，邓方译，社会科学文献出版社1992年版，第593页。

常残酷和具有破坏性的,因此,国家及其立法和司法机关应坚持"谦抑"的原则,决不能滥用刑罚。在确定犯罪时,只有那些严重违法、危害极大、必须予以处罚的行为才能被定义为犯罪,不能滥加处罚,或者应当合理确定犯罪数额和处罚数额。在更深层次上,这涉及"执法动机和执法效益"的问题,因此我们应该尽可能使用最少的司法资源,避免最大的经济损失,获得最大的社会经济效益。[1]这就要求司法机关在行使刑事审判权时,必须坚持"必要性原则"或"最后手段原则",慎重、认真、严肃地权衡。[2]

(六)立法者对人文关怀的态度

有学者认为,犯罪及其刑罚问题,其实主要是一个人文态度问题,而不是客观的纯粹科学问题。这涉及"人文与科学"的关系与争论。刑法的人文性突出地表现在:"人性假设"具有前置性、基础性的重大意义。尤其是人性善与人性恶的假设,理性人与非理性人的界分等,都成为犯罪化、重刑化、轻缓化、刑罚个别化以及制定有关刑事政策的基本的人文理论根据。考察我国现行刑事政策(这个问题与犯罪化根据有关),可以发现我国的法律实践对人文关怀不够,明显存在理性不足的缺憾。

(七)立法者对刑法价值的中道权衡

从前面的分析可以看出,在是否将某种行为规定为犯罪、是否规定刑罚和规定什么样的刑罚之间,在打击犯罪与维护秩序、保障人权之间,总是充满了矛盾和冲突。系统科学认为,"只有较好,没有最好",[3]犯罪化的过程,实质上就是立法者对于刑法价值进行中道权衡的过程。因此可以说制定一部现代刑法,确实需要在刑法价值上中立地兼顾好刑法的保护机

---

[1] 何秉松主编:《法人犯罪与刑事责任》,中国法制出版社1991年版,第505页。
[2] 何秉松:《犯罪构成系统论》,中国法制出版社1995年版,第156页。
[3] [美]罗斯科·庞德:《通过法律的社会控制》,沈宗灵译,商务印书馆2010年版,第55页。

能与保障机能。[1]

刑法是法益保护的最后盾牌，刑法的价值定位应当是价值中立。[2]刑法价值中立，其题中之义应当包括以下三方面的基本内容：一是公正和功利的有机和谐，而不是只强调一而不顾其他；二是保护机能与保障机能的合理兼顾，而不是顾此失彼或者重此轻彼；三是工具主义和目的主义的理性统一，而不是只注重世俗实用的工具主义。[3]现代刑法应该"中立地"对公正和功利给予关注和平衡，并且力求使两者处于一种理性和谐的整合状态。现代刑法如何进行这种"中道的权衡"？我们认为：[4]首先，刑法公正要无害于刑法功利（自由和秩序）。其次，刑法功利也力求无损于公正。这种公正突出地体现在如下的命题之中，即刑法必须"中立地"兼顾好保护机能和保障机能，促使两种机能相协调。[5]

三、刑事政策与非犯罪化

（一）非犯罪化的概念

非犯罪化[6]（Decrminalization）是与犯罪化（Criminalization）和过度犯罪化（Over-criminalization）相对应的一个概念。犯罪化是指由于时代和环境的影响，过去不认为是犯罪的行为，或者过去无法判断的行为，或者由于科技发展而产生的行为，现在认为有必要进行刑事处罚的行为，如计算机犯罪、洗钱犯罪等。过度犯罪化，是指立法者过分扩大犯罪的范围，把不必要以刑罚处罚的行为也规定为犯罪。非犯罪化可分为广义和狭义。

---

[1] 魏东："论罪刑法定原则的刑事司法意义——从一起强迫介绍妇女'做小姐'并收取中介服务费的案例谈起"，载《国家检察官学院学报》2003年第2期。

[2] 马克昌主编：《近代西方刑法学史略》，中国检察出版社1996年版，第159、208页。

[3] 陈兴良：《刑法的人性基础》，中国方正出版社1999年版，第347页。

[4] [美]罗斯科·庞德：《通过法律的社会控制》，沈宗灵译，商务印书馆2010年版，第55页。

[5] 陈兴良、周光权："困惑中的超越与超越中的困惑——从价值观角度和立法技术层面的思考"，载陈兴良主编：《刑事法评论》（第2卷），中国政法大学出版社1998年版。

[6] [法]米海依尔·戴尔玛斯-马蒂：《刑事政策的主要体系》，卢建平译，法律出版社2000年版，第254页。

狭义的非犯罪化，只是指包括行政处罚在内的所有国家制裁都没有付诸实施的情况。换言之，它指的是立法机构对已经失去了继续存在必要的罪行，直接将该行为从法律条文中撤销，使其合法化。法国学者马蒂表示，应该从最广义上理解非犯罪化的概念。它不仅包括刑法体系的消失，还意味着所有替代反应都不复存在。广义的非犯罪化是指已经规定了刑罚处罚的行为不再受到刑罚处罚。广义的非犯罪化包括三种类型：第一，将法律最初规定为犯罪的行为合法化；第二，将法律最初定义为犯罪的行为改为行政违法，即这种行为不再受刑法的约束，而是受行政法规的约束。典型的是，德国、日本等国将违反违警罪的大部分行为以行政处罚代替刑事处罚；第三，对某些具体的危害行为（包括少数特定行为）通过司法程序不认为是犯罪。[1]

我国学者一般不从法国学者马蒂的角度去理解非犯罪化的问题，但也形成了广狭两个层次的观点：狭义的非犯罪化是指立法者将原本由法律规定为犯罪的行为从法律中剔除，使其正当化或者行政违法化。广义的非犯罪化是指立法机关或者司法机关将一些对社会危害不大，没有必要予以刑事惩罚但又在被发现时法律规定为犯罪的行为，通过立法不再作为犯罪或通过司法不予认定犯罪，从而对它们不再适用刑罚。[2]

（二）非犯罪化的刑事政策背景

非犯罪化和犯罪化是刑事政策，特别是刑事立法政策在确定刑事干预范围和划定犯罪圈方面的两个组成部分。它们分别反映了不同的刑事政策方向：犯罪化代表了扩大刑事干预的扩张主义刑事政策方向，而非犯罪化代表了缩小刑事干预范围的还原主义刑事政策方向。

非犯罪化是和犯罪化互动、相对的一种反映刑法不断变革和进化进程的正常刑法现象，是伴随刑法的产生、发展全过程的一个持续不断的历史进程。从欧美刑法学家对非犯罪化问题产生兴趣，到非犯罪化运动成为欧

---

[1] 王勇："轻刑化：中国刑法发展之路"，载赵秉志、张智辉、王勇：《中国刑法的运用与完善》，法律出版社1989年版。

[2] 转引自黎宏、王龙："论非犯罪化"，载《中南政法学院学报》1991年第2期。

美刑事政策与刑法改革运动的重要内容，是第二次世界大战以后的事情。而引发这一世界性刑法改革运动的导火线则是1957年英国下议院议员沃尔芬登领导的"同性恋与卖淫委员会"所发表的沃尔芬登报告。该报告首先确认了刑法干预个人行为的目的和界限："维护公共秩序和公共尊严，保护公民免受非法侵害，为公民特别是那些特殊易受伤害的公民提供足够的保护，防止他们堕落和腐化。超出实现上述目的外干预公民的私人生活或者试图强制推行任何特定的生活方式，并不是刑法的任务所在，客观上必然存在一个不受法律干预的纯粹个人道德或不道德的领域。"[1]

沃尔芬登报告不仅对英国的非犯罪化进程产生了巨大影响，而且对美国的非犯罪化运动也产生了直接影响。美国法学会1962年起草的《模范刑法典》，一方面，确认"任何个人在其行为不伤害他人的情况下，都有权反对国家干涉其个人事务"。另一方面，根据刑法干预的公共化和去伦理化概念，明确主张同性恋、卖淫和通奸应非犯罪化。与此同时，流行于美国刑事学界的"犯罪标签论"严厉批评了美国刑事立法和刑事司法中的不公正和偏见。根据标签理论，美国刑事司法当局处理的许多所谓犯罪本质上并不构成犯罪，而是立法和执法当局基于自身利益和偏见而人为标定的。这种不干涉主义的刑事政策为非犯罪化运动奠定了政策基础，并创造了合适的社会氛围和舆论环境。非犯罪化运动席卷美国，则始于1967年美国总统执法与司法委员会发布的《自由社会中的犯罪挑战》报告，该报告明确提出了一系列促进非犯罪化进程的刑事政策，如对未成年人犯罪的"审前处理"和"转处"等。在这份报告的影响下，一些州相继修改了法律，将卖淫、公共酗酒和堕胎合法化。[2]

美国的非犯罪化运动反过来又影响了欧洲的刑事立法政策。[3]特别值得一提的是，1980年，欧盟委员会推出了著名的《非犯罪化报告》，用以

---

[1] [英] J.C. 史密斯、B. 霍根：《英国刑法》，李贵方等译，法律出版社2000年版，第21页。

[2] 许福生：《刑事学讲义》，国兴出版社2001年版，第187页。

[3] 储槐植：《美国刑法》，北京大学出版社1996年版，第42~45页。

指导成员国的刑事立法政策。该报告全面分析了非犯罪化的概念及其与非刑罚化和转处的关系，阐述了指导非犯罪化的基本原则，促进和阻碍非犯罪化的各种因素，以及非犯罪化后各种可能的替代解决方案或选择。在对非犯罪化原则进行一般性讨论的基础上，报告还对每个成员国财产犯罪非犯罪化可能涉及的各种具体问题进行了详细研究。这份报告作为欧共体的政策文件，对欧共体国家（现为欧盟国家）刑事政策的发展，尤其是犯罪化和非犯罪化政策的发展模式具有重要的指导作用。因此，它可以成为观察20世纪80年代以来欧盟国家犯罪化与非犯罪化运动发展变化的重要理论坐标。

我国现行刑法整体结构仍然呈现"厉而不严"的特点。一方面，刑罚非常苛刻严厉，刑罚体系呈现以死刑和剥夺自由刑为中心的重刑结构特征；另一方面，刑事法网很不严密，刑事责任也不严格。我国当前及今后一个时期刑事政策面临的主要任务不是缩减刑法干预范围的非犯罪化，而是对现行刑法进行结构性调整，在降低刑罚苛刻严厉程度的同时，继续严密刑事法网、严格刑事责任，使刑法结构趋向"严而不厉"。[1]但是，我国刑事政策仍然面临非犯罪化的路径选择。非犯罪化与犯罪化是刑法制定的一体两面，都应当回应社会发展对刑事立法的要求，并且应当符合刑事立法规律。将新出现的具有严重社会危害性和刑事处罚必要性的行为纳入刑法，将已经丧失了规制意义的行为从刑法中删除，实现刑事立法对社会发展的有效呼应。事实上，我国近年的刑事立法在主要进行犯罪化作业的同时，也有进行非犯罪化的立法例。如随着经济运行模式由计划经济体制向市场经济体制的转换，1979年《刑法》规定的"投机倒把"行为不仅丧失了刑法干预的必要性，而且成为活跃市场、方便人民生活、推动经济发展的合法经济活动，自然应当通过修改刑法典予以非犯罪化。在新技术、新环境、新事物不断涌现的当下，现行刑事立法必然是犯罪化与非犯罪化动态调整的过程。

---

[1] 梁根林：《刑罚结构论》，北京大学出版社1998年版，第51页。

四、非犯罪化的模式建立与路径选择

非犯罪化虽然是与犯罪化对应而伴随刑法沿革、发展全过程的一项刑事政策运动,但是对于迄今为止法律规定为犯罪的行为如何进行非犯罪化,即非犯罪化的路径应当如何选择,在国外的刑事政策学理上并未获得一致的见解,而我国的刑事政策学的基本研究尚不完善。在许多刑事法学者看来,立法程序似乎是非犯罪化的唯一路径。但司法实践中对个案的处理也存在非犯罪化的可能,因此将非犯罪化的路径限制在立法范围内具有束缚认识的局限性。

（一）法律上的非犯罪化

"法律上的非犯罪化",是指"刑罚制度拥有的作为对特定行为的正式反应的制裁范围收缩的过程"。[1]即改变现行法律的规定,将特定行为从刑法干预范围中排除出去的立法过程。法律上的非犯罪化意味着对过去受到刑法规制的行为的评价发生正式变化。根据刑法评价变化后反应方式的不同,欧盟委员会《非犯罪化报告》将其分为三种类型：

A类：是指使非犯罪化行为完全合法并得到社会认可的过程。它不仅意味着刑法上的非犯罪化,而且意味着法律和道德评价上的正当、合法性。从这个意义上说,非犯罪化等同于合法化。

B类：是指国家在非犯罪化中对该行为态度发生相应变化的过程,尽管该行为没有得到法律或社会的承认。通常出于对人权日益增长的需要和国家角色转变的要求使得国家转而对某些行为保持中立,其态度已经从制裁转变为不干预。这一趋势表明了国家在日渐开放多元的社会中对特定行为的宽容立场。

C类：是指对某些虽然已经被非犯罪化的行为,国家仍然保留处置的可能,只不过这时发动处理请求的并非国家本身,而是利益相关的各方。该种犯罪化表明国家也许是出于无奈的原因而转变了对某一类行为的反应

---

[1] European Committee on Crime Problems, *Report on Decriminalization*, Strasbourg, 1980, p. 166.

方式。[1]

（二）事实上的非犯罪化

"事实上的非犯罪化"，是指"尽管刑罚制度的正式能力没有发生任何变化，但是刑事司法制度对特定行为减少其反应活动的现象"。[2]《非犯罪化报告》对事实上的非犯罪化路径作了简单列举，主要包括不报警、警察决定撤案或移送其他机关、检察官作出不起诉决定、法官直接判处最低刑罚或者判决免于刑事处罚等。

从欧洲各国的刑事政策实践分析，"事实上的非犯罪化"主要表现为"避免进入刑事司法系统"和"在正式程序启动后中断刑事司法程序"两大基本方面。事实上，同一个案件可能先后经历这两个阶段（当完全避免刑事司法程序的战略失败后，在刑事司法的或早或晚的阶段都可以终止该程序）。

"事实上的非犯罪化"的具体策略和途径包括：

1. 避免进入刑事司法系统

第一种路径是不举报，其方式有：①行业组织的纪律惩罚，在许多国家的医疗行业和法律行业都可以发现这种方式；②私人组织的惩罚，如商店对盗窃者的私人制裁等；③调解与和解制度，对被害人提供帮助等。

第二种路径即庇护犯罪嫌疑人，即对一些特殊的犯罪类型采用庇护策略使之不被抓获。在实践中主要是对政治犯罪，一些社会机构和个人可能会采取措施进行庇护，但也不能否认可能存在对其他非法活动的庇护。

第三种路径国家放弃追诉权力，即对一些没有被害人的犯罪或者规定被害人告诉才处理的犯罪，只有当被害人提起诉讼国家才介入处理，被动启动刑事诉讼程序的做法。

2. 中断刑事司法程序

一旦正式的刑事司法程序启动，如果没有刑事司法机构的合作一般便

---

[1] European Committee on Crime Problems, *Report on Decriminalization*, Strasbourg, 1980, p. 166.

[2] European Committee on Crime Problems, *Report on Decriminalization*, Strasbourg, 1980, p. 166.

不可能中断司法程序,除非法律允许被害人有效撤回控诉。刑事司法程序中实现"事实上的非犯罪化"的途径主要有:

(1) 撤销案件或不起诉,即警察通过撤案或者检察官通过作出不起诉决定依法终止诉讼程序,使案件停留在审判之前的阶段。撤销案件可分为无条件撤销案件和有条件撤销案件两种情况,可以是警察也可以是检察官拥有撤销案件的权力。英国的警察可通过"警察警告"方式撤销案件,该警告由高级警官执行,通过对犯罪嫌疑人进行正式训诫宣告案件终结。检察官是欧洲大多数国家拥有撤销案件决定权的司法机关,其不起诉决定应当以法官的同意为前提。

除了无条件撤销案件或作出不起诉决定外,检察官撤销案件运用更多的方式则是有条件不起诉或暂缓起诉,即暂时中止起诉程序,针对犯罪人设定特定义务,如其履行了特定的义务,就对其作出不起诉决定。这些特定义务主要包括支付罚金、赔偿损失、被害人与犯罪人和解、社区刑罚等。如果在规定的时间内犯罪人没有履行这些特定义务,检察官仍然可以提起诉讼。警察和检察官还可以将案件转交给刑事司法系统外的其他组织如非营利性组织或国家福利机构处理。例如,荷兰鹿特丹市自1981年即启动了一项名为"暂停"的计划,目标是预防和制止涂鸦等破坏艺术的行为。该计划规定,如果涂鸦者自己修复或者赔偿了所造成的损害,或者清除了乱涂乱画,就可以避免被起诉。近年来,荷兰政府已经将"暂停"计划推向了全国。此外,调解计划对于避免审讯也具有日益增长的意义。在英格兰和威尔士,警察介入调解;在德国,检察官和法院则介入调解;在芬兰和挪威,警察和检察官都可以介入调解——调解成功后可以不起诉。

(2) 避免羁押。采用更加灵活的审前强制措施是刑事政策关注的议题之一,作出该决定后可以通过转移处理的方式处置犯罪人。即使他们必须接受审判,也会有更多的机会获得一个更宽大的处理。类似介于避免审判和避免定罪之间的避免羁押计划在许多国家正发挥着越来越重要的作用。避免羁押首先意味着某个组织应当向检察官或者法庭提供更多的有关某个可能或者实际被羁押者情况的可靠信息。其次也意味着该组织应当向这些潜在的或者实际已被羁押的人提供食宿、工作和社会联系，因而才能建构一个使他们不被羁押或者获得释放的合法基础。自1980年早期以来，联邦德国许多城市就以设施化的方式实施了这一计划。绝大多数这样的计划是由与刑事司法机构有着紧密联系的非营利组织实施的，有些则是由刑事司法机构内部的社会工作者实施的。

（3）避免定罪、量刑。避免定罪的方式之一就是由法庭建议双方和解。避免定罪的另一种更为正式的形式就是法庭撤销案件而将案件转交调解机构处理。而近年来，认罪交易也在欧洲开始流行起来。认罪交易一般是在检察官、被告人和法官之间进行的，通过认罪交易，全部或部分审判就可以被避免。另外，即使在定罪之后，仍然有机会中断正式的司法程序，如在英国和法国，在被告人承诺履行特定义务的前提下，法官可以作出延期量刑的决定。这些特定义务的履行则可以受刑事司法机构外的组织的监督。除了延期量刑的决定外，减轻量刑也被认为是实质上避免量刑的方式之一。

（4）避免监禁。在定罪之后，避免监禁的方式主要有三种：一是避免将非监禁性制裁转化成监禁性制裁。根据法律的规定，有些非监禁性制裁能够轻易地被转化为监禁性制裁。特别是当被判处巨额罚金的犯罪人拖欠罚金或者被判处附条件量刑的犯罪人被撤销原判时，原来的非监禁性制裁往往就会转化为监禁性制裁。由于这些原因而被投入监狱的犯罪人的人数大大增加，促成了一个尽量避免这一预期外结果的新战略形式，其中最重要的就是罚金易科社区服务，即责令拖欠罚金者从事社区服务。二是避免实际服刑。一旦监禁判决生效，犯罪人通常不可能逃避服刑。但是，监狱的拥挤不堪迫使一些国家转处已经被判处监禁的案件。在比利时，法律允许四个月以下监禁判决不被实际执行。三是中断服刑过程。在所有欧洲国家，法律都允许将罪犯从监狱提前释放，其范围包括罪犯在服完一定期限刑罚后自动释放和根据对罪犯服刑期间再社会化进展情况的个案评估而决定的释放，甚至也包括避免或者中断监狱监禁以便使有毒瘾的罪犯或者性犯罪者接受自愿的治疗。

第二章
刑事政策视阈下的犯罪理论（二）

一、非犯罪化的现实需求

随着资本主义工业革命的完成，科学技术得到了极大的发展，给社会带来了巨大的物质财富。物质财富的丰富也带来了许多负面影响。人与人之间的各种社会关系日益复杂，社会固有的各种矛盾不断激化，需要保护的法益日益增多。与此同时，高度的物质文明与传统伦理道德观念之间的冲突日益加剧。在这种形势下，刑法理论获得了发展，刑事人类学派和刑事社会学派脱颖而出。他们主张刑罚个别化，重视对罪犯的教育改造，提出了"最好的社会政策就是最好的刑事政策"的思想。现实中，所有发达资本主义国家都加强了国家对社会生活的干预。然而，这一切并没有避免经济危机的爆发，直到20世纪上半叶，发生了两次世界大战。

世界大战的浩劫震撼了整个世界，影响了人们对法治和文明的信仰。所有传统的道德观念、法律和制度如空中楼阁般虚幻，整个世界都处于幻灭的边缘。享乐成为人们的第一追求，极端的个人主义在西方世界迅速蔓延，社会秩序的压迫和人们思想的剧变使社会生活处于失序状态。在这样一个灰暗的世界里，出现了大量的犯罪。除了谋杀、抢劫、强奸等传统恶性犯罪外，还出现了大量新型的犯罪：毒品犯罪、色情犯罪、白领犯罪、高智商犯罪等。与此同时，随着现代化进程加快、新生活方式和新技术的不断出现，犯罪手段和方式越来越多样化。为了避免社会崩溃，恢复社会繁荣，西方国家通过修改刑法的方式调整社会治理。然而，这些法律远远不能适用于快速变化的现实。正如马克斯·韦伯所言，反而给人们以"整个社会成了只有规则和秩序而忽视个人意志的铁笼，前景暗淡，令人沮丧"的感觉。[1]特别是国家为惩治大量轻微犯罪付出了巨大代价，但实际效果并不尽如人意，甚至产生了许多负面影响。首先，此类犯罪数量众多，多为间接受害者甚至没有受害者，例如通奸、同性恋、赌博等。为了解决这些案件，警方经常使用一些非法手段来侦查和取证，有时甚至使用引诱和教唆的方式人为地制造新的犯罪。这些侵犯公民自由、人身权利的行为，违背了"法律不应被看作奴役，法律毋宁是拯救"[2]等的训诫，大大伤害了人们对法律的感情。法律在人们面前逐渐失去威严，法律尊严的削弱又影响到法律的实施，消解了法律的权威。其次，由于此类犯罪数量多，侦破难度大，往往需要大量的人力、物力和财力来处理。这一方面导致有限的司法资源被浪费，另一方面也导致处理严重犯罪的力量不足，因此得不偿失。再次，过于注重打击某些犯罪变相阻碍了对弱者的保护。例如，法律规定禁止堕胎，致使非自愿怀孕者不可避免地寻找"庸医"或地下诊所堕胎，这些非法从事堕胎的机构缺少监管和从医规范，从而导致某些传染病的传播。最后，各种新的罪行和新的情节的增加导致了"刑法膨胀"，进而导致监狱人满为患，影响了刑法改革的效果，难以达到刑法的目的。

在诸多困难的结合下，如何处理积压案件，如何制止这种扩张，如何协调刑法功能上人权保护与社会保障的关系，简而言之，如何让刑法"推陈出新"，是立法和司法机关亟待解决的问题。在这种现实背景下，战后出现的民主化、自由化和人权运动对刑法改革产生了重大影响。"社会只能干预个人自由，以防止对他人的伤害"产生了共鸣。同时期自然科学理论和技术的突破对犯罪学理论的发展起到了促进作用，犯罪学的研究成果顺理成章地成为刑事政策和刑法改革的依据，"社会对个人自由的干预只能以防止伤害他人为限"的理念引起了人们的共鸣。犯罪学的代表性理论

---

[1] 黎宏、王龙："论非犯罪化"，载《中南政法学院学报》1991年第2期。
[2] [古希腊]亚里士多德：《政治学》，吴寿彭译，商务印书馆1983年版，第276页。

之一"犯罪标签理论",对非犯罪化思潮产生了深远影响。标签论认为:如果给行为人贴上"你是不良行为者、犯罪者"的标签后,社会和其他公民会基于该标签而对越轨者产生某种歧视,该种歧视导致越轨者被隔离在正常社会生活之外,并且会反向影响越轨者的行为模式,强化他们的不良习惯,使其朝着真正的标签特征人群靠近,最终从初级越轨者迈向次级越轨者,进而成为真正的犯罪人。由此可见,轻易地给一个人打上某种不良标签,通过扩大刑法适用意图治理社会,不仅不会减少犯罪,还会制造新的犯罪。基于此,刑事司法的程序应当作为最后的手段来推行,"公"的介入理应尽量地减少。[1]标签理论所揭示的与其严格管制违法或越轨行为,不如直接将其排除在刑事司法体系之外,适用一般社会规范进行约束的"不介入"的理念,对非犯罪化的产生起到了重要的作用。

此外,犯罪学研究表明,犯罪并不局限于社会的"边缘群体",而是一种非常普遍的存在,特别是在较轻的犯罪案件中,存在大量的"犯罪黑数"。[2]所有这些都要求立法者必须将犯罪的范围限制在维持公共安全和秩序所必需的范围内。人们必须尽可能分清道德与法律的边界、自由与秩序的范围以及适用刑罚的手段和限制等。这样,原本划给刑事司法部门管辖的那部分轻微犯罪,又回到了由行政机关去处理,"管辖"的过程就变成了"非犯罪化"的过程。"无受害人犯罪"的概念及其消除正是非犯罪化进程中最重要的理论成果之一。

二、非犯罪化的哲学渊源

西方哲学思想中的自由主义思想为非犯罪化观念的产生提供了坚实的哲学基础。自由是近代以来人们热烈追求的强势价值之一,然而犹如同属强势价值的平等和民主一般,其概念本身却是歧义重重。对于自由概念的界定,可谓言人人殊。孟德斯鸠即曾因此而感叹,"没有一个字像自由那

---

[1] [日]加藤久雄:《刑事政策学入门》,立花书房1991年版,第29页。
[2] 黄风:"论意大利的非刑事化立法",载《外国法学研究》1987年第4期。

样被赋予更复杂的意义,并且在人心中引起各种复杂的意念"。由于概念本身的复杂性,因此在19世纪时有学者提到,自由的定义在两百个以上。由此可见,作为人类热切追求的自由,确实是一个复杂而有分歧的概念。"自由"一词的拉丁文是"Libertas",其原意是从束缚中解放出来。但自古以来,没有谁能给"自由"下一个准确的定义,因此人们只能从其本意中去探讨微言大义。"自由"的本意是指一种没有障碍的状态。所谓障碍,是指外在的运动障碍,同样适用于非理性无生命的存在和理性的存在。但自由又是相对的,对个体来说,纯粹的无障碍状态即意味着处处存在障碍。因此,自由是相对于外在障碍而言的,没有外在的障碍便不存在自由。

与个人自由相对的是社会秩序。所谓社会秩序,是指人类社会共同体在运动、变化过程中,社会结构和社会规范的一种相对稳定、协调的状态。[1]因此,社会秩序不是自然存在的事实,而是在一定社会规范作用下人类追求的结果,"与法律永远相伴的基本价值,便是社会秩序……社会秩序要靠一整套普遍的法律规则来建立。而法律规则又需要整个社会系统正式地使用其力量加以维持"。虽然它形成之后表现为一种事实,但本质上来说它属于一种价值理念的范畴,是法律对国家、社会、个人利益及相互关系协调、保护的结果。个人自由,是指自然人不受他人约束,不受某些人或国家的任意意志所强迫,按照自己的意志去做或不做、成为或不成为某种状态。个人自由和社会秩序是对立的统一。法律越是保护国家和社会的利益,就越是干涉个人的权益。相反,法律越尊重个人的自由和权利,就越不能保护国家和社会的利益。

虽然有了人类便出现了社会,但在国家出现以前,社会几乎是在自发状态下发展的,不存在真正意义上的社会秩序,因此那时也就没有个人自由。事实上,即使出现国家以后,也并不意味着就存在普遍意义上的个人自由。因为,在物质财富极其匮乏的自然经济时代,有限的物质财富既要

---

[1] 曲新久:"个人自由与社会秩序的对立统一以及刑法的优先选择",载《法学研究》2000年第2期。

保障统治者的奢侈享受,又要保障整个集体的生存和发展,对个人自由、权益的保护自然就缺乏物质基础,更谈不上对犯罪人权利的保障问题,从封建社会以前死刑的种类数量之多便反映出这一点。对个人权利、自由的普遍关注是近代社会以后的事。但这并不是否认古人对"自由"追求的价值意义,事实上,古人对自由的观念、态度决定了后世人们追求的方向。

早在古希腊罗马时代,自由主义思想就已经发出了灿烂的火花,当时的雄辩家阿尔西达宣称"上帝使人人生而自由,而自然未使任何人成为奴隶"。斯多葛学派思想家提出了所有人生来都是自由与平等的思想。古希腊智者学派哲学家普罗泰戈拉提出的"人是万物的尺度"命题,蕴涵着以个人理性审视世界的意味。但在古希腊罗马时代自由主义思想还不可能形成系统的理论,当时并且以后很长一段时期内,社会中占主导地位的是"整体优于个人,社会优于个人"的思想。从古代的柏拉图、亚里士多德到近代的卢梭、黑格尔等都强调整体的优先地位。柏拉图认为,世界的本质是至善的、真实的、绝对的、不变的,个人要达到善或自由,必须将自由置于国家的利益之下,因为自由就是对善的认识。近代的卢梭,虽然根据社会契约的理论认为社会的权力是个人赋予的,但他同时又认为:"正如自然赋予了每个人以支配自己各个部分肢体的绝对权力一样,社会公约也赋予政治体以支配它的各个成员的绝对的权力。"[1]康德虽然主张"人是目的,永远不能只看作是手段"。但同时又认为,忍受立法权的滥用是人民的义务。黑格尔进一步指出,国家是现实的道德生活,是自由的表现,是人的意志和自由外在表现中的精神概念。人们所有的精神现实只有通过国家才能得到。

自由主义思想真正发扬光大是近代以后的事。随着资本主义的发展,自由主义者不仅在经济上提出"只有个人才能最了解和判断自己的利益,因此社会应该允许个人自由安排自己的个人事务"的观点。他们在政治和伦理上也提出了新主张。洛克认为,自然法状态下,自由、平等和财产是

---

[1] [法]卢梭:《社会契约论》,李平沤译,商务印书馆2017年版,第41页。

人的自然权利。为了避免和弥补自然状态的各种缺陷，人们通过契约建立了公民社会。但是人们联合成国家和置于其身下是为了得到国家法律对其自由的保护，而不是受国家剥夺。因为"法律的正当利益，它并不在这受法律的约束的人们的一般福利范围之外作出决定。假如没有法律他们会更快乐的话，那么法律作为一件无用之物自己就会消灭，而单单为了使我们不敢堕落下泥巴坑和悬崖而作的防范，就不应称为限制。所以，不管会引起人们怎样的误解，法律的目的不是废除和限制自由，而是保护和扩大自由。这是因为在一切能够接受法律支配的人类的状态中，哪里没有法律，哪里就没有自由。这是因为自由意味着不受他人的束缚和强暴，而哪里没有法律，哪里就不能有这种自由。但是自由，正如人们告诉我们的，并非人人爱怎样就可以怎么样的那种自由，而是在他所受约束的法律许可范围内，随心所欲地处置或安排他的人、行动、财富和他的种种自由，在这个范围内不受另一个人的任意意志的支配而可以自由地遵循他自己的意志"。[1]很明显，洛克在这里极力强调国家是为公民而存在的，在这一点上，贝卡利亚说得更明确："一切合理的社会都把保卫私人安全作为首要宗旨。"[2]

在这里，我们必须弄清楚的是，自由主义并不等于极端的个人主义，自由虽然意味着不受约束、强制，但是它并不是指可以随心所欲地去做任何事情。自由是有一定界限的，超出这个界限对他人的自由干涉、侵害，法律便会对他进行干预。自由的边界应该怎样界定？或者法律可以在怎样的程度上介入他人的生活？自由主义大师密尔为我们做了精确的分析，他说："人类之所以有正当的理由或个人地或集体地对其中任何分子的行动自由加以干涉，唯一的目的是自我保护。这就是说，对于文明群体中任何一个成员，之所以能够行使一种权利以反对他的意志并不失为正当，唯一的目的只能要防止对于他人的危害，仅仅因为这样对他比较好，或是因为

---

[1] 参见伍俊斌："洛克政治合法性思想评析"，载《南京航空航天大学学报（社会科学版）》2011年第3期。
[2] [意]贝卡里亚：《论犯罪与刑罚》，黄风译，中国大百科全书出版社1993年版，第69页。

这会使他愉快，或因为在他人看来这样做是明智的、正当的。所有这些理由，或是为了劝告他，或是为了说服他，或是为了劝服他，甚至是为了恳求他，都是好的。但只是不能借以强迫他，或者说，如果他反其道而行之将要灾难临头。要证明这一点，想要打消他人念头的一部分，都涉及其他人。在仅仅涉及自己的那部分，他的独立性在权利上是绝对的。对他自己，对他自己的身心，个人是最高主权者。"这是已经蕴涵了对他人无直接危害的行为应当予以除罪化的思想。

在个人自由与社会秩序的关系上的两种观念很明显存在尖锐对立，虽然在当时的社会，整体观念处于优势地位，但随着时代的发展，这种地位不断受到冲击。19世纪末，资本主义矛盾重重，经济危机愈演愈烈，社会政治问题丛生，强调国家的利益优先，国家的权力高于一切，虽然可以暂时地掩盖社会的危机，但世界大战接连两次爆发，使人们的自由遭到无情的践踏，这是对整体优于个体、社会优于个人思想的极大作弄。第二次世界大战结束后，人们开始反思自由与秩序的关系。他们意识到，把个人自由完全置于所谓的国家和社会的保护之下是危险的。国家和社会必须为个人的自由和权利留下足够的空间，以保证公民权利和自由的真正实现，从而在国家权力和法律所涉及的社会生活之间划定边界。在战后民主运动的推动下，洛克、密尔等主张的法律以保障人的自由为宗旨，对个人自由权益的介入必须保持在合理界限内的思想获得人们真正的重视，并以其独特的思想内涵直接影响到非犯罪化思想观念的产生。因为"一切立法者所面临的基本问题，就是一种选择：什么样的行为是法律所维护的，什么样的行为是法律所禁止的"。刑事立法更应该慎重对待调整范围的问题，因为刑罚的结果就是对人们权利的限制或剥夺。在这一点上，洛克、密尔等主张的必须赋予个人以最大限度的自由和自主权、法律对个人自由的干预只能以"防止伤害他人为限"的思想无疑起了重要的作用。

三、非犯罪化的价值理念

"非犯罪化"作为20世纪世界刑法改革运动中的重要一环，虽然其涉及的范围主要在一些伦理道德和轻微的犯罪领域，其中又集中于无被害人或被害人不直接的犯罪领域，但它蕴含极其丰富的价值理念，对现代刑法的走向影响深远，特别是20世纪后半叶，伴随着经济刑法、环境刑法、行政刑法等特别刑法在世界各国的出现，非犯罪化思想对各国的立法和司法实践的影响更加巨大。

（一）犯罪相对性观念

"犯罪相对性"是指同一性质的行为不但在不同的时代和环境其违法的性质是相对的，而且即使在同一社会的同一时期其性质也不是绝对确定的。犯罪相对性观念的出现是刑法谦抑思想的内在要求，同时也是人民权利意识增强的必然反映。犯罪相对性观念是非犯罪化思想中最富有生命力的价值理念。

犯罪的相对性，是由对犯罪的评价标准本身的相对性所决定的。所谓"犯罪"，从本质上来看，是具有社会危害性或法益侵害性的行为，而无论是"社会危害性"还是"法益侵害性"都是一个无具体衡量标准的概念，人们只能根据比例原则对它作出相对的判断。可以这样说，只要人们对"危害性"或"侵害性"的程度无法予以具体量化，"相对性"就永远是犯罪的一个特性。

犯罪的相对性也是由现代社会各种利益交织的特点所决定的。随着社会关系复杂度的提升，需要刑法保护的法益也变得越来越复杂和多样化，由此决定了刑法所保护的法益往往具有兼容性特征，这时的刑事立法就必须科学考虑兼容各方利益。不加区分"一刀切"式全面保护或全面打击的做法过于武断，不利于经济社会发展。刑法一方面要保护被侵害的法益和被害人，另一方面要考虑对犯罪分子或被告人给予适当的保护，这是刑法中相互矛盾的两个方面。典型的例子是现代交通工具的使用，因其本身具有极大的危险性，但又是现代社会生活所不可或缺的，当使用这一现代交通工具的人造成了伤亡结果时，对行为人是否要追究刑事责任，必然要考虑这一行为本身潜在的"利"与其造成的"害"之间的比例关系。

犯罪相对性，还是由于犯罪功能具有双重性所决定的。在通常的观念中，犯罪是邪恶的同义词，一谈到犯罪，就把它同被害人受侵害和社会秩序受侵犯相联系。这种带着强烈感情倾向的犯罪观是非理性的，这无助于对犯罪原因的全面认识，也不利于有效采取预防犯罪的措施。持这种犯罪观，会使我们在对待犯罪的反应中片面强调打击，并可能导致重刑化的倾向。事实上，犯罪的发生，除了对社会有害的一面外，它对社会还有一定的促进功能。法国社会家迪尔凯姆就认为犯罪对道德意识的进化和集体情感具有促进作用。

一般来说，在社会稳定阶段，犯罪的危害功能居于主要地位，而在社会变革时期，犯罪的促进功能往往较能得到表现。这是因为，在社会变动的状态下，人们的价值观念、道德标准处于急剧的转变之中，刑法作为特定时代的产物，必然会落后于时代的要求，这是刑法本身的稳定性所决定的。

此时，一些领先于当时社会条件的先进价值观引领的所谓"犯罪行为"对刑法的修订起到了推动作用。一些学者认为，当社会制度或价值规范滞后于社会变革时，由于所谓的犯罪往往成为社会变革需求的先兆，以其独特的形式影响社会的发展，最终导致犯罪观念的转变，并将摆脱法律意义上的犯罪规制，完成从罪到非罪的历史性跨越。[1]

犯罪相对性观念，从根本上来说，就是要求立法者对随着时代的变迁、环境的变化而在刑法中没有存在必要性的所谓"犯罪行为"及时地予以除罪化，以体现刑法中应有的人文品性。

(二) 刑法的不完整性观念

刑法的不完整性是指刑法内容和刑法效力的范围都是有限的、不全面的。首先，这是由刑法规范本身的一般性决定的。刑法作为一部强制法，一旦制定就必须保持相对的稳定性，不能频繁更改，否则会让人无所适从。早在古希腊时期，亚里士多德就已经指出："轻易地改变法律，另制

---

[1] 高铭暄、陈兴良：《挑战与机遇：面对市场经济的刑法学研究》，载《中国法学》1993年第6期。

新法的作风，实为一种削弱法律根本性的方法。"[1]刑法由于直接涉及对人的权利的限制和剥夺，必须具备相当的稳定性以使得人们对自己的行为产生预期。刑法的这一特点决定了不可能仅仅针对个别情况制定规范。它必须对复杂的社会关系进行高度抽象，摒弃个体社会关系的特殊性，表达相似社会关系的共性，并可重复应用于非特定个体。刑法调整对象的普遍性决定了刑法规范本身的普遍性。但现实中的具体行为有其特殊性，因此不可避免地会出现一些背离刑法规范的行为。

其次，刑法的不完整性是由于刑法调整对象的不稳定性所决定的。法律虽然可以就未来可能发生的行为适当做出一些超前性规定，然而这一超前通常不能超出现有社会发展水平，是在现有基础上的合理预见。从实际效果上看，法律主要是针对过去的规范，刑法更是这样。[2]但是身处百年未有之大变局进行观察，社会现象之流变远超想象。特别是《刑法》中极为重要的经济犯罪部分，面临的情况将更加复杂，一来由于作为定罪量刑处断标准的经济法规变动性较大，二来更是由于经济活动瞬息万变，新型经济犯罪现象涌现，刑法再频繁地修改也难以跟上这一变化。

再次，刑法的不完备性是由刑法的补充性决定的。国家的法律手段是多种多样、有选择性的，刑法只是其中之一。但是，刑法本身有局限性，只能针对严重危害社会的行为实施。然而，一般违法行为与刑事犯罪之间的界限并非绝对确定，这就决定了刑法不能优先适用于这些边界行为，如介于民事侵权行为与刑事犯罪行为之间的行为。王利明教授认为，虽然刑法调整的社会关系范围极为广泛，但只有在侵权法的配合下，刑法才能有效地调整社会关系。如果不能根据侵权法很好地解决侵权纠纷，不仅会因此衍生出更多的犯罪行为，危及社会秩序的稳定，而且还会使大量受害人因难以寻求侵权损害赔偿而要求对行为人进行刑事制裁，从而可能使本不应由刑法调整的关系进入刑法的调整范围。[3]也就是说，只有在侵权法不

---

[1] 刁荣华主编：《中西法律思想论集》，汉林出版社1984年版，第165页。
[2] [意]恩里科·菲利：《犯罪社会学》，郭建安译，商务印书馆2021年版，第125页。
[3] 王利明：《侵权行为法归责原则研究》，中国政法大学出版社1992年版，第7~8页。

能有效解决纠纷的情况下，才允许刑法介入。在处理社会纠纷时，刑法是第二手段，是对其他法律规范的补充。[1]

最后，刑法的不完整性是由犯罪原因的复杂性决定的。犯罪学认为，犯罪的发生是多种原因共同作用的结果。由于犯罪的原因是多方面的，这意味着预防犯罪的措施也应该是多种多样的。刑法只是社会控制手段之一，要控制危害社会的行为，必须综合运用包括刑法在内的一切社会控制手段。相对而言，在各种控制措施中，刑法只能处于次要地位或辅助地位。

还可能因为现实中存在一些基于特定原因激发的、不具有稳定性和常态性的危害行为而导致刑法的不完整。这类行为的出现主要是因特定的社会因素造成，可能仅在特定的时期存在。基于人权保障观念，刑法应当保持一定的谦抑性，在一定程度上容忍这类行为的存在。"法律的效力是以它所引起的爱戴和尊重为转移的。"对这类行为动辄使用刑法，刑法可能会失去民众支持。我国学者梁根林对此有精辟的论述，他认为："对特定时期由于特定原因而激发的不具常态性稳定性的危害行为，应当首先致力于消除激发危害行为的特定原因，综合动用刑法以外的其他法律手段予以调控。刑法事实上不可能将所有应予刑罚制裁的不法行为都毫不犹豫地加以规范。追求刑法典规范内容的完整性只能是一种乌托邦式的幻想。"[2]对这类行为一般不应入罪化，这既是刑法谦抑性的要求，也是刑法功能正常发挥使然。

刑法不完整性观念，实质上指的就是刑法作为社会控制手段之一其作用有限性的观念，换言之，就是指刑法应慎重介入社会生活的观念。有了这种观念，国家才能有更多的空间调节对秩序的追求与对人民自由权利的尊重之间的平衡，以使人们有充足的自由空间去发挥聪明才智。

---

[1] 张明楷："刑法在法律体系中的地位——兼论刑法的补充性与法律体系的概念"，载《法学研究》1994年第6期。

[2] 梁根林："论犯罪化及其限制"，载《中外法学》1998年第3期。

(三) 刑法经济性观念

所谓刑法经济性观念，是指国家在动用刑法手段调整社会生活时，必须以最小量的投入，获得最大化的刑法效益。经济思想是基于人们对社会资源有限性的认识，认为经济活动应遵循价值规律的要求，合理地配置社会资源，以取得最大的经济利益，其所涉及的是社会资源的投入与取得的成果之间的比例关系问题。非犯罪化运动作为增进司法效率的一种方式，其中蕴涵着刑法的经济思想。

刑法经济性观念首先体现了人们对法律资源有限性的理性认知。刑法资源由特定的历史时期国家所能投入的人力、物力和财力资源所组成，并不是用之不竭的。在社会财富有限的前提下，公正高效的司法体系永远是奢侈品，大多数情况下，国家分配给司法活动的支持份额非常有限。而刑事立法和刑事司法的运作，特别是作为犯罪惩罚手段的刑罚的运用，更是离开物质支持则难以为继，更别提各种犯罪改造计划对人财物的大量需求。具有讽刺意味的是，"罪犯们什么也没有付出，而另一方面，社会却为他们支付生活费，纳税人也增加了一项新的负担。因此更增加了社会因犯罪受到的侵害"。[1] 从这个角度看，适当的刑罚的确可以产生一定的社会效益，如教育和改造犯罪人，使之顺利回归社会继续创造社会财富等，但是这一效益却难以测量。"刑法是一回事，而打击犯罪者的必要措施又是一回事。"追求刑法的经济性成为一种理性选择。

刑法经济性来源于功利主义的经典论述，其"经济"借鉴了经济学中"成本—效益"理念，是指以最小的刑罚成本取得最大的刑罚效益。其中"最小的刑罚成本"是指适用刑罚的量不应当超过抗制犯罪的必要限度。超出必要限度的过剩的刑罚，既不人道，也违反了基本的刑法原则。"刑罚超过必要限度就是对犯罪人的残酷，也是对已经遭受的痛苦的浪费。"从这一意义上说，刑法经济思想包含了最轻刑罚的含义。刑罚虽然是能够有效地预防对行为人之外的其他人的危害的方法，但"刑法应主要禁止那

---

[1] [意]加罗法洛：《犯罪学》，耿伟、王新译，商务印书馆2020年版，第9页。

些危害他人的危险性和严重性超过执行法律的损害的行为",对其他一些危害行为,"如果行为的非刑事控制方法的净收益等于或大于刑事控制方法的净收益,那么,应采用非刑事方式"。〔1〕

(四) 刑法最后手段性观念

随着人们权利意识的不断增强,对于刑法本身的功能认识也不断加深。刑罚是最严厉的法律制裁手段,虽然它是保护社会权利最有效的工具,但它往往也是侵犯个人权利最容易和最严重的手段。基于谦抑原则,刑法对社会生活的干预必须是最后的。

从刑法本身的特点来看,现代刑法的目的在于维护社会秩序、社会利益和公民个人的权利。正如法国刑事法学家查尔斯·斯瓦耶所指出的:"在我们的社会中,现代刑法致力于协调维护社会秩序和保护个人自由。"但是,刑罚的严厉性决定了它不是普遍适用的。它只能作为国家保卫社会、保护权利的最后一道防线,在可以使用其他手段对抗危害行为的情况下,应避免使用刑法。"将刑法视为一种特效药是非常简单而危险的,而刑法绝不是万能的。"这不仅是因为使用刑法所造成的后果无法得到补偿,而且因为如果使用刑法未能达到预期目的,那么国家将失去采取其他手段的机会。西方刑法学者在总结刑法适用经验时指出:"我们最大的社会和政治失败之一,就是我们无力或不愿采取有效的非刑事处理方法来解决许多当代问题。例如,滥用酒精和毒品通常在刑事司法系统中受到管制,主要是因为其他系统没有这样做。如果说这种行为是介于罪与非罪之间的边界行为,那么刑事制裁就不应该如此广泛地优先适用。"

法律规制手段的相互配合也决定了刑法只能作为最后手段。在众多法律规制手段中,刑法不仅不应当成为国家调节社会秩序与个人自由关系的唯一手段,而且与民法、经济法和行政法相比,刑法反而应当处于辅助地位。从根本上说,这是因为现代社会公民权利观念的增强,公民个人的权

---

〔1〕 [美] 迈克尔·D. 贝勒斯:《法律的原则——一个规范的分析》,张文显等译,中国大百科全书出版社1996年版,第352页。

益越来越受到重视。在利益交织、界限模糊的社会背景下，刑法的重要性相对次要，尤其是在私权领域。

四、非犯罪化的理论基础

各国有着不同历史和文化传统。政治、经济、文化、价值观、法制以及犯罪形势的变化，都会影响非犯罪化的表现形式。非犯罪化的具体原因、动机和背景必然具有不同国家、不同时期的特殊性。但是，非犯罪化作为当代刑事政策的潮流，具有超国家的共同刑事政策思想基础。非犯罪化的产生及其现实，在理论和实践上都具有坚实的基础。正如意大利著名刑法学家曼托瓦尼所说，刑法体系的发展是无止境的，人们要想保障该体系的完好性和有效性，就应该针对扩张刑法体系的定罪化作用力，保持一种非刑事化的反作用力，把所有不再具有重大社会意义的行为放到次要的位置上去。[1]

非犯罪化的理论依据表现在：

（一）刑法谦抑主义

刑法谦抑主义，要求对刑法严格加以限制，使之存在于必要的限度之内，因此也有学者将其称之为刑法必要性原则。该思想渊源于贝卡利亚、边沁和卢梭等启蒙思想家的论述。贝卡利亚曾经将刑罚的必要性与刑罚的正当性并列观之，只有必要的刑罚才是公正的刑罚，超过必要限度的刑罚，即使有利于预防犯罪，也是不正当的。谦抑主义思想是法治社会中刑法的应有理念。考虑刑事政策的制定也必须坚持谦抑主义之原则，即排除刑法万能的思想。刑法虽然是对付犯罪的主要手段但并不是唯一的手段。刑法学和犯罪学研究也进一步证明了盲目地科以严刑峻法，不足以达到理想的预防犯罪的效果。在历经19世纪以来刑法泛道德主义所造成的以刑法泛化、犯罪泛滥、刑罚效率低下等为主要特征的刑法基础性危机之后，谦抑思想在20世纪得到了广泛的传播。

---

[1] 黄风："论意大利的非刑事化立法"，载《外国法学研究》1987年第4期。

我国学者对刑法谦抑思想的认同是在 20 世纪 90 年代初期确立的。基于对我国法律文化中刑法万能主义和重刑主义传统的反思和刑事政策实践中严刑峻法效果普遍不佳的现实反省，我国学者对如何根据谦抑主义划定犯罪圈和非犯罪圈进行了初步的探讨。进入 21 世纪后，尽管我国刑事政策实践仍未能脱离刑法万能主义和重刑主义的窠臼，但谦抑主义的刑事政策思想已经获得了普遍认同。刑法谦抑主义对非犯罪化思想的产生产生了重大的影响。

谦抑主义首先要求刑事政策的制定和实施都必须考虑刑罚资源投入的必要性、经济性、严厉性等，防止过度使用刑法工具。要警惕刑法恶性膨胀，使其成为其他法律制裁手段功能不足时的补充；坚持刑法在法律体系的动态调整防线上处于其他法律之后；破除刑罚万能的观念，考虑刑事政策制定和执行的成本和产出效益。只有当其他法律的制裁手段无法达到维护社会所需的秩序时，刑罚才可以作为抑制不法行为的最后手段予以使用。[1]

另外，刑法的效果具有特殊性。作为刑法的效果，就是将行为人作为犯罪主体而处以一定的刑罚，重则剥夺其生命、自由，轻则罚款，没收财物，且从此给行为人打上犯罪前科的烙印，对其名誉、自尊打击极大。而且在服刑期间，其家庭成员也受到牵连，后患极大。这些都决定了"刑罚之界限应该是内缩的，而不是外张的，而刑罚该是国家为达到其保护法益与维护法秩序的任务时的'最后手段'，能够不使用刑罚，而以其他的手段也能达到维护社会共同秩序及保护社会和个人的法益的目的的时候，则务必放弃刑罚的手段"。[2]

刑法谦抑主义对刑事立法提出更高要求。出于明确划定犯罪边界的需要，刑事立法必须清晰易懂，不能模糊不清，不给警察和检察官专制和不公正地作出决定的机会。这既是罪刑法定主义原则的要求，也是谦抑主义的实现基础。规定犯罪的法律必须足够明确，以使所有个人都能了解什么

---

[1] 张明楷：《刑法的基础观念》，中国检察出版社 1995 年版，第 144 页。
[2] 林山田：《刑罚学》，商务印书馆 1991 年版，第 128 页。

行为是必须避免的。法规过分模糊会给予刑法解释更大的辗转腾挪空间，从而以有权解释的方式扩大了犯罪圈，不利于非犯罪化运动。如果一个法条的规定是模糊的，以至于大量的行为都违反该法律规定，这就给了警察和检察官在适用法律时不受约束的自由决定权，因此是模糊而不谦抑的。但在制定刑事法律的过程中必然面临两大困难：法律需要能够涵盖人们各种各样的行为，因此需要有足够的概括性；同时又要充分具体地指出某种行为是被禁止的。然而立法者很难协调这种规范的概括性和禁止命令的明确性的矛盾。另外，对一项法律规定是否模糊的判定标准也是不确定的，大多数学者认为测定一项法律是否模糊只能依据具有普通智识的人通常情况下的认识标准。而这种判断的标准也是一种先验性的假定，当这种抽象的标准落实到具体的民众身上时，需要进行具体的判断。因此禁止模糊条款只能在一定程度上起作用，而不能被随意地拿来否定现行立法。

(二) 法益保护思想

刑法的根本目的是保护法益。法益保护思想越来越受到各国刑法理论界和实务界的重视。可以说，对法益的保护是现代刑法存在正当性的基础。然而，随着时代和环境的变化，法律利益保护的范围和重点也发生了相应的变化。

社会伦理、道德是一个没有具体评价标准的概念范畴，刑法介入其中，有可能扩大犯罪处罚的领域，因此，刑法不应当过分地介入社会伦理，特别是与个人相关的道德的领域。事实上，自从刑法世俗化以后，刑法就越来越脱离道德的领域，通奸、同性恋等与伦理道德相关的犯罪除罪化就是具体的表现。正如大塚仁先生所言，在现代社会条件下，人们也越来越清楚地认识到，"不是所有受到社会伦理谴责的行为都可以规定为犯罪。被规定为犯罪的应该是违反社会伦理规范的行为或者有必要通过刑罚制裁来强制国民遵守的上升为刑法规范的那一部分行为"。[1]

合理性是链接法律与道德的路径，刑法规范应当遵循普遍的社会道德

---

〔1〕 [日] 大塚仁：《犯罪论的基本问题》，冯军译，中国政法大学出版社1993年版，第19页。

和伦理，最大限度地满足社会处罚犯罪的愿望，把真正的当罚行为作为犯罪要优于绝对严格地遵循规范。从这一角度讲，法律与道德的取向是一致的，在英美法系国家的理念中，更信任以共同道德准则作为犯罪成立的评判标准（所以会把犯罪交给陪审团）。道德作为评判行为对错的标准，法律作为评判行为利弊的尺度，法律与道德不应该有明确的界限，法律责任其实就是道德责任，因此不应该严格区分两者的调整对象。要使定罪量刑符合社会一致性标准，体现合理性，必须考察由道德规范、政策和经验等组成的社会命题。但合理性原则最大的问题是缺乏明确性，容易受人为因素影响而背离实质的正义，合理性的标准只能为司法者提供一个大致的参照方向，其对司法者的约束更多来自司法者内心的公正信念。因此，对合理性原则的落实需要严密而明确的程序保证。在这一点上，如果说合理性的核心价值是实质正义，那么程序价值是实现这一核心价值的保障。让合理性在程序正义的轨道上运行，能够最大化地将司法者内在的自律转化为可视的他律。

　　从刑事制裁的本质的角度看，刑罚作为犯罪的后果与民事赔偿和强制医疗等处遇措施的不同在于，判处刑罚体现了社会谴责，犯罪行为应当是一种能招致社会各界予以正式且严肃的道德谴责的行为，刑事犯罪人因为违反法律而遭受审判团体的谴责。从刑罚目的论的角度看，无论根据功利主义还是报应主义的观点，对吸毒、同性恋等行为科处刑罚都无法实现刑罚的目的，不具有正当性。

　　在这个时候，刑罚辅助性思想和由此而产生的"刑罚正当性"原则获得人们普遍的重视，并成为非犯罪化思想的主要理论论据。可以说，人们对刑法要不要介入社会伦理、道德领域的争议和非法律化倾向的兴起，为非犯罪化思想的出现铺平了道路。

　　法益，是根据宪法的基本原则，由法所保护的，客观上可能受到侵害或者威胁的人的生活利益。其中由刑法所保护的人的生活利益就是刑法上的法益，不仅包括个人的生命、身体、自由、财产、名誉等利益，而且包括建立在保护个人的利益基础之上因而可以还原为个人利益的国家利益与社会利益。现代刑法广泛地保护各种利益，但是刑法并非保护全部的法益，而是保护重要之社会关系中的具有公共性和重要性的利益。这些利益直接或者间接地规定于一国的宪法之中，不具有公共性和重要性的利益刑法不应当予以保护。

"刑法的任务是保护法益，是19世纪提出来的一条重要理论。所以，没有或者不允许有不针对特定法益的刑法规定。"[1]非犯罪化活跃的时期大致有三种理论特别有影响力：一是没有被害人的理论，二是以宪法和法哲学为根据的刑事制裁的法律界限论，三是将刑事司法的现实负担与预防犯罪目的的均衡作为问题的负担利益论。虽然三种理论的进路不同，但抽象出多数论者的认识可以归纳如下：①基于对现状的认识，由于不能实现刑事政策所期待的效果，陷入进退两难的问题意识；②具有从法学或者伦理学的见地对刑罚（犯罪的规制）进行再探讨的必要；③从利益衡量的观点进行有效率的实证的探讨。虽然不同的学者强调的重点不同，但这三点都是非犯罪化理论所共有的。[2]这足以说明，法益保护原则对于非犯罪化起到了重要的作用。法益作为正当入罪化的消极标准而取得一个体系性的地位，无具体清楚的法益侵害，则无犯罪行为。

因此，不能将单纯违反伦理的行为规定为犯罪。对于没有被害人或自己是被害人，也没有侵犯可以还原为个人法益的国家或者社会法益（超个人法益）的行为，不得规定为犯罪，如同性婚姻、吸毒等。对于参与有处分权的自我损害行为，不能规定为犯罪。对于单纯有损某个国家机关的权威性，但并没有侵犯相关法益的行为，不得规定为犯罪。

如果说当时的现实环境对于非犯罪化思想的产生来说还只是一片待开垦的荒地的话，那么，自由主义思想与刑法谦抑思想和法益保护思想就犹如是两种高效的肥料，在实用主义的功利哲学的催化剂下，非犯罪化思想

---

[1] [德] 冈特·施特拉滕韦特、洛塔尔·库伦：《刑法总论Ⅰ——犯罪论》，杨萌译，法律出版社2006年版，第29页。

[2] [日] 志田阳子：《刑事立法（创设犯罪的权限）与宪法理论》，载早稻田大学法学会编：《早稻田法学会志》2002年第51卷。

这颗种子终于在这块土地上发芽并茁壮成长。

五、犯罪化的标准与非犯罪化可能性

(一) 刑事政策界定犯罪化的实质标准

社会行为在性质和方式上是复杂多样的，何种行为才应当被标定为犯罪，也即把一定范围内的行为从其他社会行为序列中分离出来确定为犯罪的标准何在？对此，刑法学的一个基本公理便是：无明文规定的行为或过错不具惩罚性。这一罪刑法定原则无疑是普遍的法制原则在犯罪与刑罚方面的具体体现。然而，这里所涉及的标准仅仅是刑事定罪的形式标准，或称为现实定罪活动的标准，其实质只是针对现实中发生的某一类行为是否应当适用刑法规范并用制裁措施作出实际反映的问题，远未涉及隐含于刑法文本之后的实质标准——社会是出于何种考虑和基于何种价值原则给予一些行为为"犯罪"这种特殊称谓并确定用"刑罚"这种特殊方法予以反映的。

犯罪化的实质标准，首先是指刑事上具有可罚性的行为范围标准，其次也符合逻辑地涉及确定可适用于所定之犯罪行为的以刑罚作为鲜明代表的刑事制裁手段的轻重程度的标准。[1]我国不少基本刑事政策均包含了这两方面的含义。刑事政策层次上对犯罪化标准的确立，必然要超越标准本身，从理念层面中去寻求答案。鉴于秩序与正义是人类社会发展所普遍追求的价值目标，可由此引申出刑事政策确立犯罪化实质标准的两个基本指导观念：犯罪化的必要性和犯罪化的正义性。

1. 犯罪化的必要性标准

当论及刑法设立犯罪定义和规定相应刑罚目的时，无论古今中外的学者，大致都能达成以下的共识：刑法旨在确保社会的基本秩序，换言之，刑法是社会存续不可或缺的基本手段之一。这一必要性也被一些国家的宪法性文件明文认可。由此可以看出，唯有必要性才能判断对某类行为是否

---

[1] 肖扬主编：《中国刑事政策和策略问题》，法律出版社1996年版，第63页。

应当犯罪化，也唯有必要性才能保证适用相应的刑罚措施。但当涉及必要性标准本身的时候，也即探讨何为必要性或必要性的标准是什么的时候，则由此又引申出更深层次的问题。

传统上，在表述作为犯罪化根据的必要性时，人们总是沿用一句古老的格言——对他人的危害。正是基于这一概念，在各国立法中，往往将诸如通奸、卖淫、同性恋、自杀等的"无被害人犯罪"作为无罪处理。

基于上述考虑，可提出刑事政策在确立犯罪化范围的必要性标准时应当顾及的两个原则：①以维护社会的基本权益为本，同时在事实上尽可能兼顾对集体和个人权益的保护，以此保证国家对社会生活的刑事干预能积极发挥促进社会全面、和谐发展的功效。②为维护社会最低限度的社会秩序所必需。

2. 犯罪化的正义性标准

正义与人类理性、自由、平等、安全等密不可分，是法律制度废存的基石之一。法律制度之所以有存在的必要性，正在于"法律之目的不是废除或限制自由，而是保护和扩大自由"。[1]相对于刑事法律制度而言，正义的价值在于通过对刑事规范功利倾向的限制，促进社会秩序与个人自由的和谐发展。正是从这种意义上来讲，正义性标准对于确定犯罪化的范围具有独立的价值。

在理解正义性标准的时候，必须注意到刑法所必然包括的刑事制裁的特殊性：对行为人犯过错的报应和赎罪。由此，从正义角度看，应当予以犯罪化的只是这样一些行为——对它们的制裁与社会通行的正义观相符。传统上，这一标准与违反道德标准相融合，在现代社会，这一标准则倾向与民主观念相适应。

其一，犯罪与违反道德标准。按照刑事古典学派的观点，在人类的社会过程中，人的天性就是避免痛苦而追求享乐。避免痛苦和追求享乐这两种不同方向的动力是人类一切行为的原则。这种趋利避害的功利原则，不

---

[1] [美] E.博登海默：《法理学——法哲学及其方法》，邓正来、姬敬武译，华夏出版社1987年版，第22页。

仅是衡量和确定行为动机的依据，而且也是区分善与恶、是与非的标准。也就是说，基于利害得失计算的功利原则，是一种道德原则的体现。由此看来，将犯罪与违反道德标准联系在一起，已经成为人类社会的一种情感性的常识判断。就道德与法律对人的行为的规范功能而言，道德所涉及的是一个更为广大的规范模式，它在增加个人生活和社会生活中的美德、减少邪恶、促进有利于统治阶级的社会目标实现方面，比法律的作用更大。但道德规范的一个显著特点是它们只具有很弱的强制力，人们对道德规范的遵从主要取决于各自的良心，必须借助于对他人的同情、仁慈和关心的驱使和社会舆论的压力。由此而来的一个传统逻辑便是：犯罪行为首先是一种不道德的行为，而不道德的行为因其违反了多数人认同的价值体系，因而是应当受到公众谴责的，正是这种公众谴责性的存在，才使得对此行为的犯罪化具有了正义的要素。所谓"法不责众"成立的基础也正在于此。

其二，犯罪与民主观念（公众意识）。20世纪70年代以来，面对后工业化的西方社会社会分层现象日益加剧、传统的道德价值体系趋于瓦解的现实，一些西方学者转而从民主观念中去寻找正义的根据，提出了犯罪化方面的公众意识标准。

在有关犯罪化的正义问题上引入民主观念，有其科学性的一面。刑法，如同其他法律规范一样，是社会公共生活的重要调节器，其功能与效益之实现，有赖于社会公众对刑法本身价值趋向的判断与认同。刑事政策在确定刑法的调控范围时，应当充分考虑当时的社会主导价值，以使刑法之规定和实施能符合潮流、顺乎民意。

（二）犯罪化的二次法制约

犯罪行为和民事不法具有天然的联系。在人类法律发展的初期，犯罪行为和侵权行为并没有严格的区分，犯罪行为和侵权行为往往被规定在一部法律中，被赋予相同的法律效果。法国学者丹克指出："大多数国家的法律都经历了一个从侵权责任和刑事责任合一到逐渐分离的过程。"[1]在中国古代立法中，只有刑法和犯罪的概念，没有民法和侵权的概念。直到清末，侵权行为才从犯罪行为中被分离出来而独立存在。而在以古罗马法为代表的西方法律传统中，情况恰恰相反。其中不仅有系统完整的侵权行为法和侵权行为理论，而且刑法规范也包括在侵权行为法中，犯罪行为被认为是一种侵权行为，也是一种债，也可以通过金钱支付、损害赔偿的民事制裁方法予以解决。我们在习惯上认为专属于犯罪的罪行被完全认为是不法行为，并且不仅是盗窃，甚至是凌辱和强盗，也被法学专家把他们和扰乱、文字诽谤和口头诽谤联系在一起。所有这一切都产生了"债"，并都可以用金钱来补偿。

尽管刑法与民法、犯罪行为与侵权行为具有历史联系，但在现代法律体系和刑事当政国策的视野中，刑法和民法仍然存在不容忽视、不可混淆的性质、功能和角色的差异。

犯罪化的行政法制约关系到犯罪与行政不法的界定。行政不法，顾名思义，是指违反行政服从义务、破坏行政秩序的不法行为。但是，应当首先指出的是，由于语境的差异，中外刑法理论对于行政不法的理解往往南辕北辙。我国学者所谓的行政不法一般是指行政法律关系主体违反行政法律规范，侵犯受到法律保护的行政关系，对社会造成一定程度的危害，尚未构成犯罪的行为。而所谓的行政刑法则是规定什么是行政犯罪以及具体行政犯罪的犯罪构成，最终依据什么样的罪责关系确定行为人应当承担何种行政刑法责任的特殊法律规范的总和。这显然是在违反行政服从义务、破坏行政秩序的一般意义上理解行政不法。我们要探讨的问题是这种一般意义上的行政不法与作为刑事不法的犯罪之间的联系与区别，借以判定行政不法行为犯罪化的基本准绳。这是犯罪化第一次法制约的另一个基本方面。

从道德到第一次法再到第二次法的三阶段递进收缩式的犯罪化作业过

---

[1] 王利明主编：《民法·侵权行为法》，中国人民大学出版社1993年版，第18页。

滤原理，不仅要求刑事立法在决定是否将特定种类行为犯罪化并赋予刑事制裁的法律效果时，间次考虑道德规范体系、民商法、行政法等第一次法规范体系对该行为调整的可能性与有效性，从而将能够为道德规范体系或者第一次规范体系有效调整的行为排除在犯罪化范围之外，而且要求在考虑犯罪化的范围时，对于道德规范体系以及第一次法规范体系无法有效予以调整的行为在决定予以犯罪化时，必须斟酌考虑犯罪化的第二次法制约。只有那些符合第二次法调整要求的不法能被立法者纳入刑法干预的范围之内，赋予刑事的法律效果，并通过正式的立法程序予以犯罪化。

犯罪化的第二次法制约即刑法制约，是指刑事立法政策上将特定不法行为犯罪化应当遵守的基本刑事法理，对不符合刑事法理的行为不能予以犯罪化。这里所指的刑事法理，主要是指与选择和决定特定行为犯罪化直接有关的、作为现代化刑法制度基础的犯罪构成原理。刑事立法对特定行为进行犯罪化作业，必须审查确定该特定不法行为犯罪化是否存在犯罪构成上的障碍。

当代犯罪构成原理要求刑法上的罪刑必须具备最基本的要素，包括实施了具体公共危害属性的行为，行为必须触犯特定刑法规范所保护的法益，行为必须是在人的有责的心理状态下实施的，行为必须有相对比较严重的公共危害而刑法有干预的必要。这些基本要求对刑事立法的犯罪化设定了基本的法理依据。

（三）非犯罪化在我国的争议

非犯罪化世界刑法改革运动自20世纪五六十年代至今已经有70年的历史，国际有关学术会议也不止一次地以其为专题进行研讨，然而，在我国刑法学术界除了个别学者对其予以中肯的介绍外，虽还有学者敏锐地发现了非犯罪化思想的理念价值，指出"刑法的触角不能伸得太长，刑法只不过是对付危害行为的最终手段"，[1]但却就此戛然而止，令人不无遗憾。大多数学者的问题基于西方非犯罪化思想的表象而对其作简单的否定，认

---

[1] 苏惠渔、游伟："论我国刑事立法发展的几个原则问题"，载《法学评论》1991年第5期。

为西方非犯罪化的对象主要是违警罪，而这些罪在我国早已非犯罪化了，因此，虽然非犯罪化思想不无可取，但基于我国的现实，当务之急仍然是犯罪化问题。虽然这里学者们的论述对非犯罪化思想的看法已不再有过去那种意识形态下的歧视，但从学者们总不愿意正视非犯罪化思想的法理价值看来，不能不说这也是一种偏见。我们认为，对非犯罪化思想的理解不应仅止于其废除了多少罪名的角度而做简单的定论，对其借鉴不应仅局限于所谓的现实条件不符的简单层面。前社会主义国家的非犯罪化实践本身已经说明非犯罪化思想的意义在于其价值观念中，在于其所蕴涵的刑法的最后手段性、社会防卫手段的多样性及对人的权利的充分理解和尊重上。只有这样，我们才能改变对非犯罪化思想的偏见。

"百家争鸣"是一门学科走向成熟的标志，容不得争鸣或拒绝争鸣于门外的学科是封闭的、不成熟的，从一个层面也体现出支撑该学科的学者们思维模式的单一。[1]我国多数学者以放之四海而皆准的所谓现实条件简单地否定非犯罪化在我国的可行性和必要性，实际上反映了学术研究上不正常的思维倾向，这对于非犯罪化的研究是不公平的。这也从另一方面说明"犯罪化"的观念在我国理论界中是多么根深蒂固。另外，我国学者虽然探究刑法的谦抑、宽容，可是在具体论述刑法问题时却不知不觉地流露出刑法万能的思想，虽然高唱刑法的补充性，最后手段性，可落实到现实中却仍是"重在犯罪化"。刑法的任意扩展仍是我们面对的事实。我们应大胆地说，我国不仅需要犯罪化，而且同样需要非犯罪化。我们认为，非犯罪化思想给我们的启示远比其表面被删除的罪名多得多。

（四）非犯罪化在我国的可行性

（1）从产生条件上来看。西方各国在第二次世界大战后，为重建法制，普遍采用"司法管辖化"的立法思想，但结果是刑事司法面临内忧外患。此时自由主义者提出"法律必须赋予个人以最大限度自由权和自主权，社会对自由的干预只能以防止伤害他人为限"的思想为刑法的改革找

---

[1] 陈兴良主编：《刑事法评论》（第10卷），中国政法大学出版社2002年版，第78页。

到了介入社会生活界限的切入点。另外西方国家民法观念发达，通过民法调整保护公民权利和社会秩序的传统，使西方国家自然接受了刑法为保障法的最后手段性地位。这样，非犯罪化思想的现实化就显得水到渠成。

从上可知，中、西在人文背景、法制背景方面有巨大的差异。这是否就意味着我国这片土地不适合西方非犯罪化思想呢？答案肯定是否定的。虽然大规模的非犯罪化不符合我国的实际，但我们首先应在刑法观念上改变"重在犯罪化"的立法思维模式，接受犯罪化和非犯罪化双轨并行的立法思维模式。从这一意义上说，我们理应消除对非犯罪化思想的偏见，在刑事立法、司法实践上接受非犯罪化的思想，并以此知道我国具体的立法、司法实践。因此，从观念上看，我国存在接纳非犯罪化思想的可行性和迫切性。

（2）从法律精神上看。我国刑事立法的实践和现有法律的相关规定的精神与非犯罪化思想中的犯罪相对性观念及刑法辅助性观念是一致的。

我国刑法不仅在条文上体现了非犯罪化的精神，而且还体现在具体的立法实践中。具体表现在：①完全的非犯罪化，即这种行为已经在刑法典中被删除，并予以合法化，如聚众打砸抢罪，组织、领导反革命罪。②部分非犯罪化，即通过对原刑法某一罪名的分解，只对其中一部分行作犯罪处理，其余部分行为被非犯罪化，如流氓罪、投机倒把罪等。③1997年《刑法》注重了条文设置的明确性要求，可以说这也是新刑法实现非犯罪化的一种方式。这样看来，非犯罪化思想对我国刑事立法、司法并不陌生，非犯罪化思想并非不可接受。

（3）从刑事政策思想上看，在刑事政策上，我国历来强调对犯罪采取"预防为主，惩罚为辅"的方针，强调通过思想、文化、道德、政治、经济、行政和法律等方面工作，采取各种措施，实现社会治安综合治理，尽可能铲除犯罪产生的原因和条件，从根本上预防和减少犯罪。由于犯罪的形成是多层面的，因此，作为消灭犯罪的手段也应该是多方面的。这一政策表明，即使不能说是刑法不完整性观念的运用，也可以说是我国刑事政策的基本思想体现了非犯罪化思想的内涵。在对待犯罪的问题上，我国也存在宽松的刑事政策趋向，惩办与宽大相结合，缩小打击面，扩大教育面以及少捕少杀原则都体现出严厉与宽大相结合的刑事政策走向。政策的相通为非犯罪化思想在我国的现实化架起了桥梁。

（4）从社会背景上看，建设社会主义市场经济在我国是不可逆转的历史潮流。一方面市场经济需要宽松的环境，另一方面因相关的法律、制度的落后和市场经济自身弱点又引发了大量的违法犯罪，市场经济的内在要求与外在现实环境发生矛盾时，因缺乏相关民事、经济、行政的法律调控，刑法自然就承担起了为"市场经济建设保驾护航"的作用。另外，随着中国不断走向世界，各种地区条约、国际条约对我国的法律包括刑法的影响也肯定会不断加深。随着中国不断走向世界、走向现代化，不断对某个新出现的危害行为的研究，犯罪化将成为刑事立法的重要一环。因此，在观念上，我国在刑事立法、司法指导思想上确立犯罪化与非犯罪化双轨并行的立法思维模式，不但是可行的而且是必要的，只有基于这种思维模式下创制的刑事法律，才能说是真正重视维护权利的。把对一种权利的维护建立在对另一种权利肆意剥夺的基础上的刑事法律，是缺乏存在依据的。

（五）非犯罪化思想对我国的借鉴

1. 确立侧重个人自由权利保护的个人本位立法观

非犯罪化涉及的一个根本问题就是刑法如何平衡保障社会秩序和保护个人自由之间的关系。第二次世界大战以后，西方各国为了重建法治社会，把许多轻微的违法行为纳入刑法调控的范围，刑法介入社会生活的各个领域，结果导致法治的危机。为此，人们对把个人自由范畴内的行为纳入刑法范畴的立法提出了质疑，认为刑法介入伦理领域，其本身是有问题的，特别是自由主义者提出的社会对个人自由的干预只能以"防止伤害他人"为限的观点引起了人们的极大关注。因此，人们认识到与其放任违法行为，不如积极地把这类行为从刑事制裁的规范对象中排除，并将其委诸广义的社会规范加以约束，刑法对社会秩序的保护只能以维持社会生存、发展的最低限度为限。在"摆脱道德羁绊"的口号下，刑法由原来的全面介入个人自由领域转变为极大地退出个人自由领域，这里体现出非犯罪化思想的蕴涵，也体现出西方各国以个人本位为主导的立法价值趋向。这一点，对我国刑事法律处理社会秩序保护与个人自由保障之间的关系，及选择刑法立法本位的趋向具有积极的借鉴意义。

法律所保护的社会秩序与个人自由不但在本质上存在内在的一致性，实际上法律本身也并不与个人自由相冲突。法律是为自由而存在的，正如洛克所言："法律按照其真正的含义而言与其说是限制还不如说是指导一个自由而有智慧的人去追求他的正当利益，它并不在受法律约束的人们的一般福利范围之外作出规范。"马克思也指出："法律上所承认的自由在一个国家中是以法律的形式存在的。法律不是压制自由的手段，正如重力定律不是阻止运动的手段一样。"正是法律内在地促成人们追求正当利益的真义与自由主义者倡导的自由具有内在的一致性，使得历经苦难的欧洲对自由的追求倍感珍惜，一时间对自由的追求及对追求自由的人的尊重便成为时代的声音，非犯罪化刑法改革正是对这种声音的回应。这一观念促成西方国家第二次世界大战后修订刑事法律时个人本位立法观的重新确立。

在罪刑法定原则法定化后，我国刑法是否已经从片面强调社会利益的保护转变为既重视社会保护功能又重视个人自由权利保障功能了呢？我们认为，刑法观念的转变不仅体现在外在条文中，更重要的是体现在其内在精神中。我国现行的刑法还带有浓重的社会本位观念。首先，我国刑法对个人自由权利的保护是不完整的。如刑法对正当防卫的规定，过分地侧重于对被害人权利的保护，而按一般的看法，生命法益高于身体、健康之类的法益，因此，此款把无限防卫权的适用范围规定得如此之广，其合理性是值得怀疑的。其次，过分强调刑法对社会秩序的调控功能，"严打"期间虽然强调"依法"，但把介于可杀可不杀的罪犯杀了，特别是将大量介于罪与非罪之间的边界行为作犯罪论处，造成监狱、拘留所人满为患，这是典型的刑法本位观犯罪化思想的体现。

我国刑事法律应采取侧重于个人自由权利保护的个人本位的立法观。"条件不具备"这个理由不应抓得太紧，否则会导致自己转不过弯。我们虽然不能把西方国家的非犯罪化思想照搬过来，但对其合理的价值观念，我们没有理由拒之门外。正如清末刑法改革大家沈家本所言："彼法之善者，当取之当取而不取，是之为愚。"

2. 确立刑法的基本观念

（1）确立犯罪化与非犯罪化双轨并行的立法思维观念。我国有一种观点认为，西方国家的刑法非犯罪化的基本观念的演进只是20世纪五六十年代的短暂现象。[1]我们认为，这种看法失之偏颇，非犯罪化作为立法、司法实践中的一个指导思想，它不仅体现为特定时期的大规模除罪化，更重要的是体现为将一些伴随社会的发展而失去了危害或危害轻微的行为不断从刑法中删除。

重犯罪化思想是我国整个封建社会刑事立法、司法的特点，重犯罪化的立法思想带有极大的缺陷：首先，犯罪化思想对公民权利、自由的尊重显得比较淡漠，而这方面又恰好反映出一个国家刑事法律进步、现代化的程度。其次，会造成刑事立法和刑事司法严重脱节的现象，这一方面是因为，社会可供分配的资源是有限的；另一方面是因为，司法人员的执法观念难以跟上立法内容的变化。另外，会忽视社会相关制度的完善，导致社会对刑事法律的过分信赖，不利于"综合治理"方针的落实。

对我国刑事立法指导思想这一单向思维观，我国刑法理论界已认识到其缺陷，如有学者认为，犯罪化与非犯罪化必须双管齐下，齐头并进。犯罪化与非犯罪化问题，是我国刑事立法政策的一个重要的命题，不仅关系到刑法对经济生活的干预是否适度，是否能对经济犯罪进行有效的抗制，而且涉及刑法与民商法、经济法和行政法的关系及各自在社会生活中的地位。因此，树立犯罪化与非犯罪化双轨并行的立法模式应该是我国刑事法律走向现代化的重要一环。

（2）确立刑法的最后手段性观念。西方国家20世纪五六十年代开始进行的非犯罪化刑法改革思潮，其重要性不在于其表面上从刑事法律中删

---

[1] 黄风："论意大利的非刑事化立法"，载《外国法学研究》1987年第4期。

除了多少有关犯罪的规定，而在于其在观念上"不再把刑法视为支配的工具和日常使用的统治工具，而是把它看作只是在为了维护秩序不得已的情况下才采用的最后手段"的价值理念。这一点对刑法本位观历史悠久的我国来说意义特别重大，特别是在建设社会主义市场经济的条件下，其意义更非一般。

树立刑法的最后手段性观念在我国具有现实的迫切性，因我国现阶段正处于社会转型时期，现代法律社会学的研究表明，在社会发生急剧变化的时候，违法犯罪现象也会大量增加。社会的急剧变化改变了社会结构，使原有社会制约违法犯罪的机制被打破，当没有新的机制可以代替时，违法犯罪会大量增加。

我们认为，在我国社会转型时期，刑法的最后手段性应该首先体现出其对社会生活的容忍性，否则便会有导向刑法万能化的危险。

（3）确立犯罪相对性观念。犯罪相对性观念是非犯罪化思想中蕴涵的极其重要的价值理念，非犯罪化思想中的犯罪相对性观念强调犯罪是一个历史的现象，其内在的"社会危害性"也是不断发生变化的，因此，应对危害性随着社会发展变化而变得轻微或无害的行为及时除罪化。

首先，应当树立犯罪发展观。对犯罪的定义，不同的国家因法律文化的不同可能会有不同。但是人们对犯罪本质的认识是一致的。即都认为犯罪是有害的行为。而犯罪的社会危害性，本身不是绝对不变的。随着社会的发展变化，人们的价值观念、伦理道德观念也会发生变化，这样，对作为犯罪评价标准的社会危害性的认识也会发生变化，同一性质的行为，过去可能被视为犯罪，而现在则可能被认为是合法的行为或一般违法的行为。我国正处在社会的转型阶段，所以，树立犯罪发展观在我国更具有现实意义。其次，树立犯罪相对观。这一观念揭示出犯罪是社会历史中存在的必然现象，社会中存在一定量的犯罪是一种常态现象，人类只能把犯罪控制在一定的限度内，试图从根本上消灭犯罪只不过是人们不切实际的幻想。一定量的犯罪是社会中的一种常态现象的观点，对于我国决策机关恰当地估计社会特定时期的社会治安形势，从而正确地制定预防、控制犯罪的刑事政策具有重大的理论指导价值。最后，淡化犯罪观念。犯罪不但是一个社会特定历史时期存在的常态现象，而且犯罪对社会还有一定的促进功能，可以促进道德观念的进化和集体感情的形成，也可以从反面促进社会生产力的发展，因此，我们应辩证地看待犯罪现象，淡化犯罪的观念。非犯罪化作为一种思潮，其重要意义在于不再把刑法当作统治和支配人们日常生活的工具，而把它看成只是为了维护法律秩序不得已的情况下才采取的最后手段；在于其揭示的刑法对社会生活的介入必须维持在维护社会生存、发展所必需的最低限度的实质中，将随着社会发展变化不再具有社会危害性或危害性轻微的行为尽快地从刑事法律中删除；在于其体现的对人的自由权利充分尊重的价值理念。它所体现的刑法谦抑思想、刑法适度干预思想、刑法辅助性思想、犯罪相对性思想等，也是刑法走向现代化的终极追求所在。

（六）非犯罪化的实现途径

非犯罪化不仅体现为一种刑法观念的变革，它更深远的意义还体现在世界各国的刑事立法、司法实践中。自20世纪五六十年代开始，许多西方国家和一些社会主义国家都进行了不同形式和特点的非犯罪化实践，德国刑法学家耶赛克对此描述说："非犯罪化进入了刑法的中心领域并引起了显著的变化。"概观世界各国非犯罪化的实践，可以发现，非犯罪化思想的现实化主要通过两种途径进行：一是立法途径，二是司法途径。

1. 立法途径

（1）刑事犯罪合法化。即通过立法的方式，直接从刑事法律中将某些已经失去刑事处罚必要的行为删除，使其合法化。以这种途径除罪化的犯罪，主要是指那些随着社会的发展及人们价值观念的改变，没必要再以刑法的方法加以论处的犯罪。具体地说，就是指刑法原来规定的轻微犯罪，其中绝大部分又是无被害人的犯罪。

早在1957年，英国就在讨论刑法应不应干涉卖淫及同性恋行为的问题，并认为国家把涉及个人伦理性的行为纳入刑法范畴，本身就是有问题的。1960年，美国在《模范刑法典》的正式草案中主张废除有关同性间性行为、卖淫、通奸罪等条款。而当时的联邦德国，则在1966年的刑法改革案及刑法应"摆脱道德羁绊"的口号下，正式规定成年人间基于合意的性行为不作为犯罪论处，从此也拉开了世界各国在立法中废除无被害人犯罪条款的序幕。

立法机关通过修订刑法或制定单行法规直接删除无被害人的犯罪行为，较典型的还有堕胎、公然散布猥亵文书、赌博等犯罪行为。要注意的是，对有些无被害人犯罪行为的删除存在较大的争议，如对堕胎行为的除罪化。反对者认为，胎儿的生命是神圣的，不允许由人任意地处分。赞成者认为，对堕胎行为除罪化有利于对弱者的保护，否则，富有者可以通过各种手段达到堕胎的目的，如到堕胎合法化的国家进行堕胎，然而，穷人却可能为此找"江湖郎中"，事后又因害怕暴露自己的罪刑而不敢寻求帮助，这样可能引发某些疾病的蔓延、发展。笔者认为，在人类面临巨大人口压力的情况下，为了优育和保护母亲的生命权益，是完全可以对堕胎行为除罪化的，但是，堕胎行为除罪化后，对一些为了不正当目的而实行的堕胎行为，如果没有相应的抗制手段的话，堕胎行为就可能会泛滥，胎儿的生命权益也难以得到保护。因此，国外对堕胎行为的相对除罪化的做法是有价值上的借鉴意义的。

另外，有些犯罪行为除罪化后，又出现了反复的现象，比较典型的是美国对堕胎行为就出现了除罪化后又入罪化的情况。我们认为，这是犯罪化和非犯罪化过程中正常的现象，这恰好说明"犯罪"是一个历史的现象，是相对的，随着社会的发展变化，某一行为是否具有社会危害性不是绝对不变的。

通过这种方式实现非犯罪化后，世界各国刑法中，许多传统的犯罪已在现代刑法典中消失了，特别是那些无直接被害人的犯罪，即使仍保留在刑法典中，对其的处罚也越来越轻。

（2）刑事犯罪行政违法化。即通过制定违反秩序法，把原归属刑法典中的违警罪及一些轻罪划入违反秩序法中，以行政处罚代替原来的刑罚，使原来的犯罪行为转化为行政违法行为。这是世界各国实现非犯罪化的主要方式。

第二次世界大战后，西方发达国家为了重建法治国家的目的，在"违警罪""轻罪"的名目下，把一些轻微的违法行为纳入刑法的调整范围，刑法涉足于社会生活的每个角落。然而，随着社会的发展，社会生活"司法管辖化"不但没有实现法治目的，反而使法治潜藏着危机。首先，由于轻微违法行为的大量出现，司法机关不堪重负，不但难以处理大量轻微的犯罪，而且难以应付大案要案。其次，随着社会生活的日益复杂，各种违法行为特别是经济违法行为不断发生，为了维护社会秩序和市场经济秩序，各种行政、经济管理法规纷纷出台，这样，经济违法和犯罪行为之间的界限复杂到专业人士都难以了解，造成了法律实施的困难。最后，监狱改造效果难以令人满意，本来期望通过监狱改造实现罪犯健全地回归社会，但监狱反而成了诱发犯罪的摇篮。另外，各种新型犯罪的出现，使司法机关面临更大的压力。为了解决司法的现实困境，提高司法的效率，各国在重新审视刑法介入社会生活的限度后，相继制定违反秩序法，将违警罪及轻微罪划入违反秩序法中，以行政处罚来代替刑罚。较有代表性的是德国的立法实践。

德国1871年《刑法典》，把犯罪分为三类，即重罪、轻罪、违警罪，违警罪的法律效果包括自由刑、罚金刑和拘役，都是刑事处罚而非行政处罚。1975年，德国颁布新法典，新刑法的违法形式只有重罪和轻罪，其余的犯罪行为，包括所有违反规定的行为，以及那些使用罚金刑和6个月以下监禁刑加以惩罚的轻罪行为，绝大部分被并入同年颁布的《违反秩序法中》。

其他国家也采取了类似的方式作为实现非犯罪化的途径。前社会主义国家在这方面则采取了更灵活的方式实现非犯罪化。如民主德国，将所有轻微的违法行为从刑法典中分离出来后，一部分当作违反秩序的行为，另一部分当作简单的违法加以规定。

2. 司法途径

起诉便宜制度，又称为起诉便宜原则、起诉合理主义、附条件不起诉原则。所谓起诉便宜制度，简单来说，就是检察机关对于可以追诉的犯罪行为不追诉。具体而言，就是检察机关对于应当追诉的犯罪行为在某些特定条件下，可以根据犯罪事实，权衡刑事政策上的得失后，决定对该犯罪行为不提起诉讼，从而终止刑事诉讼程序的制度。[1]

起诉便宜制度是对起诉法定原则的否定。起诉法定原则，是罪刑法定原则在刑事诉讼领域的运用，它以报应刑思想为理论基础，注重法的安定性和权威性，主张有罪必罚、有罪必诉。由于犯罪都是对法律权威的否定、法的秩序的破坏，因此，法律必须对犯罪行为人施以刑罚，在起诉方面不能有轻重之别，这样才能确保法的权威，恢复法的秩序。

起诉法定原则虽有实现法的正义的功能，但它存在以下缺陷：第一，对所有案件不分具体情节轻重，一律起诉并不符合具体的正义要求。第二，短期自由刑存在各种弊端，轻微犯罪被判刑后，往往得不到改善，以致对社会无益。另外，大量轻微犯罪行为被提起诉讼后，使审判机关无法集中精力对付大案要案，而且，给犯罪嫌疑人带来巨大的诉讼负担。为此，德国、日本、美国、英国等国家在法定起诉原则之外，采取了起诉便宜制度。

起诉便宜制度主要对两类案件作出不起诉的决定：一是犯罪情节轻微者。如联邦德国《刑事诉讼法》第153条规定，罪责轻微而其行为后果无关紧要的轻微罪案件，可以不予追究。二是犯罪情节未必轻微者。对这类犯罪行为，因案件的情节、犯罪人的具体情况的不同，采取的方式也有所不同，大体有三种：①暂缓起诉，这是以暂时不起诉为手段，在规定的保留起诉期内，视行为人与被害人的和解以及行为人被缓诉后的表现，以决定是否再行起诉的制度；②起诉犹豫保护观察制度，这是为了鼓励犯罪嫌疑人改正及预防再犯，而将犯罪嫌疑人交付保护管束，如果行为人违反保护规定，检察官就撤销原来的缓于起诉的决定，再行起诉的制度；③放弃起诉，是否认重罪与轻罪，只要符合法律所规定的要件，直接为不起诉的处分，除非具有再犯重罪等情况，原则上即不再起诉，并且检察官对于受

---

[1] 黎宏、王龙："论非犯罪化"，载《中南政法学院学报》1991年第2期。

不起诉处分的人，不作事后的跟踪和考察制度。

起诉便宜制度是近代目的刑法论在诉讼程序上的一大革命，虽然各国在起诉便宜制度的运用形式上有所不同，但是其司法适用的结果，最终都是终止了对犯罪嫌疑人刑事责任的追究，因而，它也是一种非犯罪化的实现途径，而且是一条"一般几乎未注意到的非犯罪化道路"。

第三章

刑事政策视阈下的刑罚理论

总的来讲，非刑罚化和刑罚化都是刑事政策的问题。刑事政策学自其诞生之日起就以其在犯罪学的基础上对犯罪的社会性进行确认并主张通过刑罚等综合的方法来预防犯罪、保护社会等而给刑事法律领域带来了一系列革命，在刑事领域中的地位与日俱增，至今可以说已经确立了其指导地位，成为世界刑法界关注的重心。

从20世纪中叶开始，西方国家在刑事政策的实践上出现了"轻轻重重"的刑事政策倾向，又被称为"两极化"的刑事政策。"两极化"的刑事政策对犯罪和刑罚都产生了重要影响。刑罚意义上的"轻轻"，是指对轻罪和危害性不大的犯罪采取较为宽和的刑罚并尝试从刑罚体系外部发现并适用一些非刑罚处罚措施。[1]所谓的"重重"，是指对具有严重社会危害性的犯罪，特别是暴力犯罪、毒品犯罪、恐怖主义犯罪和有组织犯罪等采取比较严厉的刑罚惩罚并且试图从刑罚体系外部寻找并适用与严刑峻法相适应的非刑罚处罚措施。

从刑事政策的理论与实践上都能看出浓重的非刑罚化与刑罚化的印记。我们探讨"非刑罚化"和"刑罚化"的问题是离不开刑事政策这一前提和指导的，只有站在刑事政策的视野中的探讨才能使两者得其所在。而且"非刑罚化"和"刑罚化"通过从刑罚的外部及整个对付犯罪系统的角度来探讨刑罚的发展和改革以达到刑罚本身的进退适度，科学完善。因此

---

[1] 蔡道通："论'放小'的刑事政策"，载《南京师大学报（社会科学版）》2002年第1期。

在这个意思上对刑事政策的理解也就不完全归同于广义说或狭义说,而是通过在广义刑事政策范围内的探讨比较来达到狭义的刑事政策,即刑罚和类似制度的完善。

一、非刑罚化与刑罚化

(一) 非刑罚化

我国刑法学界在谈到非刑罚化这个概念时,众多学者的理解都各不相同。有的学者认为,所谓非刑罚化包含狭义和广义的非刑罚化。狭义上的非刑罚化意味着"以非刑罚的处分来代替刑罚(本来的非刑罚化)";广义上的非刑罚化除此之外还包括将轻微犯罪从"犯罪"的范畴中排除,对这些行为科以行政罚款(第二形态的非刑罚化)[1]。有的学者认为,非刑罚化是指采取将被宣判有罪的人置于附有监视的自由状态之中进行考验的方法,用自由刑或部分罚金来代替原有刑罚的办法,并且由此可见非刑罚化的实质内涵应该是非监禁化。[2]笔者认为要确定非刑罚化的内涵,必须从非刑罚化所在的语境以及非刑罚化与相关思想的比较出发进行探讨,这样才能得到其真正的内涵。

1. 非犯罪化与非刑罚化

非犯罪化与非刑罚化在本质上同源,以刑法谦抑主义为理论基础,考虑刑罚的有限性和最后手段性,尽可能把刑罚对社会生活的介入限制在合理的范围之内。但是,两者又有明显的界线。非犯罪化是相对于犯罪化而言的,它意味着对刑法已经规定为犯罪的行为不再作为犯罪处理,是重新认识刑法的功能及其规定的犯罪是否合理性的结果。非刑罚化意味着对某种犯罪行为,以非刑罚的处罚措施来代替刑罚,它是从犯罪人处遇的理念上考察刑罚处罚的适当性和处罚效果的结果,反映了刑罚的缓和趋势。因

---

[1] 游伟、谢锡美:"非犯罪化思想研究",载陈兴良主编:《刑事法评论》(第10卷),中国政法大学出版社2002年版。
[2] 陈兴良:《刑法的价值构造》,中国人民大学出版社1998年版,第421页。

为罪与刑关系的特殊性,一方面,刑从罪生,有了犯罪的存在才有了与之相伴的刑罚。而且刑作为罪的承接具有必然性,无论是谁只要构成了犯罪,便不可避免地会受到刑罚的处罚,不能逍遥法外。可见,没有犯罪也就没有刑罚,刑罚出现的前提是为了预防或者报应犯罪。另一方面,刑对于罪又有一定的反向作用,非刑罚化的发展往往导致非犯罪化的实现,如刑法可以通过对某一或者某些罪行予以免除刑罚而在实质意义上使此行为非罪化。可见,非犯罪化与非刑罚化是两个互有交叉的概念,广义的非刑罚化包括了本来的非犯罪化。非刑罚化与非犯罪化既存在明显不同,又在一定程度上无法分割。不过,我们还是看到,两者的基本维度是不同的。非犯罪化与非刑罚化一个从"罪"的维度,一个从"刑"的维度共同实现对刑罚合理范围的控制。

2. 非刑罚化与非监禁化

非刑罚化与非监禁化也是为了将刑罚对社会生活的介入限制在合理的范围之内而产生的要求。但如上所述,并不能因此就认为非刑罚化与非监禁化是相同的,或者说非刑罚化的实质内涵应该是非监禁化。为了将刑罚对社会生活的介入限制在合理的范围内,非刑罚化是从刑罚外延的维度进行探讨,试图在刑罚的范围和广度上找到一个恰当的点,使刑罚的处罚范围处之恰当;而非监禁化则是从刑罚的内涵的维度进行探讨,试图在刑罚的结构和程度上找到一个恰当的点,使刑罚的处罚结构和程度处之恰当。非监禁化的主要内容是自由刑的替代措施问题,即长期或短期自由刑(尤其是短期自由刑)在经过长期适用之后被发现有重大的弊害,为了避免这些弊害对刑罚效果及犯罪人的伤害而寻求以非监禁的方式来替代不必要的自由刑。而非刑罚化则是指采取将被宣判为有罪的人置于附有监视的自由状态之中进行考验的方法,对于已经实施的犯罪行为,不可能不使国家产生一定的反作用,但非刑罚化对行为人宽免刑罚。非监禁化的出现与自由刑替代措施的迫切需要有必然的联系,非监禁化作为自由刑的替代措施并不是问题的主要方面,而非刑罚化则是体现刑法谦抑的刑罚的改革与发展的宏观方面与必然趋势。因此,笔者认为,简单地认为非刑罚化的实质内涵应该是非监禁化是不恰当的。

3. 非刑罚化与轻刑化

非刑罚化还是轻刑化？这是我国实现刑罚谦抑主义所面临的一个现实问题。在下文深入探讨这个问题之前，我们首先必须厘清非刑罚化与轻刑化这对概念。首先，两者都是实现刑罚谦抑主义的途径。非刑罚化要求尽量减少刑罚，即在各种犯罪面前，尽量用非刑罚方法代替刑罚，使刑罚的适用处于不得不用、尽可能少用的状态，使刑罚及其适用范围尽可能得到控制。轻刑化则要求刑罚在程度上有所降低，即对于犯罪，刑罚的规定应当尽可能轻，如减少死刑、扩大罚金刑、资格刑等都是轻刑的要求和表现。作为刑罚的发展趋势和方向，两者分别从刑罚的外部和内部来探讨刑罚的改革。非刑罚化需要谨慎使用刑罚资源，轻刑化需要谨慎使用重刑罚资源。两者最大的分别是：是否启动刑罚。

非刑罚化，指在刑法谦抑思想的指引下，在刑罚缓和及合理化的趋势下，出于考察刑罚介入社会生活的妥当性和有效性的考虑而要求以非刑罚的处分来代替刑罚。简单来说，非刑罚化所提出的问题即在"已罪"的前提下如何对犯罪人"出刑"。由此可见，从刑罚的语境来看，非刑罚化是指如何使不必要的刑罚出刑。而从整个社会控制犯罪体系的语境来看，非刑罚化是指刑罚在社会控制犯罪体系中终究要退到哪里，而除刑罚外的其他犯罪控制手段又进到哪里，两种语境虽角度不同，却能道出非刑罚化的本质所在。

(二) 刑罚化

我国对于刑罚化的研究大都停留在对于个罪的刑罚化探讨上，而从广度和深度上对刑罚化本身则缺乏相应的研究。因而学术界和实务界对刑罚化也多有误解，往往将其与重刑主义等与刑罚的发展趋势不相适应的现象联系起来，所以对刑罚化的真正内涵进行一些梳理对于恢复刑罚化的本来面目、消除误解、进一步解读非刑罚化与刑罚化矛盾都有重要的意义。

刑罚化，是指在科学的刑罚观基础上的刑罚化，即在刑罚缓和而合理的大趋势下，在刑法的基本原则的指导和约束下，出于考察刑罚介入社会生活的妥当性和有效性的考虑而在有限的范围内要求将某些行为纳入刑罚的调整范围。

由以上我们可以看出，刑罚化和与其相联系的重刑主义、严打政策是不同的。

首先，刑罚化不同于重刑主义。所谓重刑主义，在思想上一般体现注重刑法的政治功能、注重刑法的社会保护功能和注重刑法的惩治功能，在立法上一般体现为死刑、长期自由刑占据刑罚的主要部分；在刑罚适用上一般体现为大量适用死刑与长期自由刑，较少适用轻刑。以重刑主义为主导的刑法通常怀有"刑法万能主义"的迷信。在刑罚设置上，不考虑犯罪行为的性质和危害性，一律设置较重的刑罚，投入过度的刑罚资源。虽然这会在一定程度上对犯罪分子产生心理威慑作用，消除犯罪分子因犯罪而获得的利益，抑制犯罪分子再次犯罪的利益驱动，抑制潜在犯罪分子的犯罪动机，满足被害人的保护心理，但同时也加重了犯罪分子与国家刑事司法体系的对抗，驱使犯罪分子更加疯狂地实施犯罪行为，产生对抗性的行为反应。这一设置同时也会强化罪犯亲属与国家之间的离心力，模糊了公正的标准和权威。其结果，不仅可能导致单位刑罚量的平均效益下降，而且国家所投入的刑罚的总体效益也可能下降。而刑罚化在刑罚资源普遍稀缺的现代社会，对刑罚的过量投入将产生得不偿失的效果。在以等价原则为基础的社会正义观念还决定人们对社会公正的判断标准的情况下，在刑罚缓和而合理的大趋势下，在刑法的基本原则的指导和约束下，出于考察刑罚介入社会生活的妥当性和有效性的考虑而在有限的范围内要求将某些行为纳入刑罚的调整范围，既能满足实现社会公正的要求，又可以使刑罚效益得到最大的发挥，可以有效地实现刑罚预防犯罪、防卫社会的任务，可以说既公正又经济。由此可见，刑罚化与重刑主义是根本不同的。重刑主义主要表现为整个刑罚的"趋重"，试图通过较重的刑罚来达到治理犯罪的目的；非刑罚化虽然扩大了刑罚的控制范围，但是扩大的范围首先是在刑罚缓和而合理的大趋势下针对有限的犯罪行为的，扩大范围后的刑罚依然要符合刑罚缓和的趋势。

其次，刑罚化与现今的"严打"刑事政策的实践是不同的。"严打"论者认为处在社会转型中的中国社会必然正在滋生大量的犯罪，严重的犯罪态势必然呼唤严厉的刑罚与刑事政策，而作为一个刚刚向法治国家目标迈进并有深厚"人治"和"政治"文化背景的国家来说，法治经验的不足决定了我们还并不完全善于运用法律来遏制和预防犯罪，所以在一定程度上突破法律来控制犯罪是必要的。我国在2000年左右犯罪率居高不下，社会治安日趋恶化的根本就在于刑罚太轻，并且这些轻刑可以适用于刑法分则规定的大多数犯罪，有些犯罪的法定刑明显偏低，不能做到罪刑相适应。在这样的思想的主导下，我国严打刑事政策的实践出现了"注重打击、只打不防"的问题。同时在浪潮式的打击之下，社会治安状况没有得到彻底的改善。而刑罚化则是严格在刑法基本原则的指导和约束下对刑罚进行有限度地扩张，是使刑罚有足够的力量来对付犯罪，而且只要够用就可以了，并不要求刑罚一定要严厉，刑罚化理路下扩张的刑罚依然是符合刑罚缓和的趋势的。由此可见，一方面刑罚化是不同于"严打"刑事政策的，而另一方面，"严打"刑事政策的理论与实践都应该接受刑罚化思想的要求和引导以发挥更大、更有效的作用。

二、非刑罚化与刑罚化的辩证

（一）两者的思想渊源不同

1. 非刑罚化的思想渊源

（1）刑法谦抑主义。"刑罚如两刃之剑，用之不得其当，则国家和个人两受其害。"德国著名学者耶林这句话深刻地道出了刑罚功能的二重性和谦抑性。刑罚应当谦抑、保守，具有法律适用的最后性等思想逐渐形成共识。不同的学者对刑法的谦抑性的界定不完全相同，有的学者认为刑法的谦抑性是指"刑法应根据一定的规则控制处罚范围和处罚程度，即凡是适用其他法律足以抑止某种违法行为，足以保护合法权益时，就不要将其规定为犯罪；凡是适用比较轻的制裁方法足以抑止某种犯罪行为，足以保护合法权益时，就不要规定较重的制裁方法"。[1]有的学者认为刑法的谦抑性是指"立法者应力求以最小的支出——少用甚至不用刑罚（而用其他刑罚替代措施），获取最大的社会效益——有效的预防和控制犯罪。"[2]"所谓刑法谦抑，是指刑法应当作为社会抗制违法行为的最后一道防线，能够用其他法律手段调整的违法行为就尽量不用刑法手段调整，能够用较轻的刑法手段调整的犯罪行为就尽量不用较重的刑法手段调整。"[3]

在这些界定中，有一点是相同的，就是刑法的谦抑性表现在它的补充性上。所谓刑法的补充性，是指只有当其他的社会统治手段不充分时，或者其他社会统治手段过于激烈，有代之以刑罚的必要时，才可以动用刑法。[4]这是因为，刑法在法律体系中处于最严厉的地位，较轻者尚剥夺他人人身自由或金钱与权利，重者甚至剥夺他人的生命，这样严重的结果决定了刑法不可贸然动用。另外，其他法律的实施也都是需要刑法来保障，只有在其他法律无法正常发挥作用时才需要刑法出手，以其严厉性来控制人的不当行为，这又决定了刑法的补充性。从刑法典的角度具体来说刑法的补充性包括两个方面，即处罚范围的谦抑和处罚程度的谦抑。[5]前者涉及的是犯罪范畴的"非犯罪化"问题，后者是刑罚范畴的"非刑罚化"问题。刑罚的谦抑性，是指在众多对付犯罪的社会控制方法中，刑罚具有一种"最后的"和"补充的"意义，即对于已经被确定有罪的犯罪人，如果可以适用非刑罚处理方法达到预防和控制犯罪的目的，就不必使用刑罚的方法。只有当民事法律、行政法律等法律部门不足以制止某种危害社会的行为，为保护某种重要法益，立法者才考虑设置刑罚，司法者才考虑适用刑罚。刑罚是作为一种具有补充性和保障性的控制措施发挥作用并体现其价值的。

由此可见，非刑罚化是直接建立在刑法谦抑这一属性之上的，刑法的

---

[1] 张明楷："论刑法的谦抑性"，载《法商研究（中南政法学院学报）》1995年第4期。
[2] 陈兴良："刑法谦抑的价值蕴含"，载《现代法学》1996年第3期。
[3] 梁根林："非刑罚化——当代刑法改革的主题"，载《现代法学》2000年第6期。
[4] [日] 平野龙一：《刑法总论》，有斐阁1972年版，第47页。
[5] 张明楷："论刑法的谦抑性"，载《法商研究（中南政法学院学报）》1995年第4期。

谦抑性决定和指导刑法（刑罚）及其他相关法律的非刑罚化的方式和程度，成为非刑罚化最重要的基础。

（2）犯罪学理论新的发展。长期以来，科学发展的局限大大限制了人们对犯罪与犯罪人的研究，人们多依靠脱离个案的思辨来研究犯罪行为，这样很难得出科学的结论，更限制了依靠这些研究结果来设计对付犯罪的刑法朝着科学和完备的方向前进。在这种迷茫中，刑法跌跌撞撞地摸索着，不知正道在何方。但是19世纪中叶以来，自然科学进入了快速发展的时期，新的研究方法和成果大大地开拓了对犯罪和犯罪人研究的视野，其中实证主义的研究方法尤其振聋发聩。意大利医生龙勃罗梭掀起方法论革命，将实证主义的研究方法引入犯罪学领域，创立了实证犯罪学派。龙勃罗梭及其继承者开创性地广泛应用生物学、统计学、人类学、社会学、心理学等科学理论于犯罪学研究，并得出了一系列的科学结论。

首先，在对犯罪的认识上，实证学派认为犯罪可能是一种自然现象，并不像人们以往所认为的那样可以通过刑罚等手段被根除。虽然犯罪背离了正常的社会规范，不是社会生活中的一种正常的因素，但是它确实长久存在且无消失的可能。犯罪是与社会并存的，是社会弊病的表现，只要社会存在弊病，犯罪就将存在。迪尔凯姆指出："犯罪不仅是见于大多数社会，不管它是属于哪种社会，而是见于所有类型的所有社会，不存在没有犯罪行为的社会……只要犯罪行为没有超出每种类型社会所规定的界限，而是在这个界限之内，它就是正常的。"[1]既然犯罪是与社会的弊病并存的，在我们无法消除社会全部弊病的情况下，犯罪就不会消亡，那么就应当正视这一实际情况，采取更加现实的应对态度。理想化地希望通过刑罚来根除犯罪是脱离实际的，刑罚无法达到理想的目的时而倒向重刑主义更是南辕北辙。重刑主义指导下的刑罚本身又构成了社会的一种弊病，非但无法抑制犯罪，还会在一定程度上刺激犯罪。刑罚的目的只是把犯罪控制在社会可容忍的范围内，这样刑罚的目的就达到了。保持社会状态的有序和稳定

---

[1]［法］E.迪尔凯姆：《社会学方法的准则》，狄玉明译，商务印书馆1995年版，第83~84页。

并不意味着消除所有的犯罪行为,理性状态是达到犯罪与社会治理的动态平衡。刑事控制模式也不应要求彻底消灭犯罪,但求以最小的社会成本开支将犯罪最大限度地控制在社会能够容忍的限度之内。重刑主义与泛刑罚化的观念无益于实现刑罚资源的最佳配置,亦非理性地遏制犯罪的刑事控制模式。

其次,在对犯罪人的认识上,犯罪"标签"理论认为,从一般人到犯罪人是一个不断被贴标签的过程。从社会给轻微越轨者因其违法或不当行为贴上"罪犯"或"违法者"的标签开始,被贴上标签的人便不断接受该标签的心理暗示,社会也会继续加重对其标签的评价,由此而逐渐变成真正的罪犯。适用刑罚也是贴标签的过程。如果对比较轻微的犯罪行为适用刑罚,那么"服刑人"烙印将会跟随犯罪者,该标签是其重新社会化和服刑完毕进行守法生活的重大阻碍。因而对于情节较轻的犯罪人应该避免被贴上刑罚标签,或者尽可能使用非刑罚化处理措施弱化该标签,以利于他的正常社会生活。"非刑罚化"正是适应了以上两方面的需求,而为我们所需要。

(3) 社会学理论。从社会学理论的角度来看,对反社会行为的调控体系具有复杂的等级制度。一般来说,对反社会行为的监管和调整可以区分为规范调整和非规范调整。规范调整是指通过不同的行为规范来调整人类的反社会行为。非规范调整是指通过改变生产条件、生活方式或环境来改变人们的反社会行为。非规范调整是一个漫长而渐进的宏观调整过程,涉及整个社会的结构和运作。本条涉及的是规范调整方面。对反社会行为的规范调整具有多重层次和结构,既包括非法律规范,如道德规范、行业规范、社区法规、社会习俗、宗教戒律等,又包括法律规范的调整。法律规范本身就是一个复杂的、多层次、多部门的监管体系。刑法专门规定了犯罪和处罚,而刑法只是在其他法律规范调整无效情况下的最后手段。

所有的调整方法都需要资源。社会对资源的控制虽然不同于对自然物质资源的控制,但资源的有限性是一致的。一方面,资源的开发需要相当大的投资。资源的组织、开发和实施及整个过程以及每个阶段的人力、物力和财力都具有有限性，因此必须加以合理有效地使用；另一方面，用于社会控制的资源是有限的。在综合国力的基础上，国家用于社会经济、政治和社会发展的资源都在占用份额。因此，社会控制所需要的资源只能在有限的前提下发挥作用，并不是取之不尽的。因此，只要国家和社区可用的资源总量是确定和有限的，就有必要在整个社区中合理分配社会控制资源。犯罪与刑罚基本上是刑事问题，也是刑罚资源与其他社会控制资源的配置问题，即应当使用刑罚还是非刑罚措施进行社会控制。过度依赖国家向刑罚资源的投入，必然减少国家对非刑罚措施和其他控制措施的投入，将破坏人类使用社会、政治、经济、文化和教育等非刑罚措施进行社会控制的努力。

刑罚是一种重要的社会控制资源，但仍然具有自然资源的特点：①有限性。开发和应用刑罚需要大量投入，从刑事立法的启动、调研、制定和修改等全部过程到刑事司法程序每个阶段都需要人力、物力和财力方面的大量投资，因此必须以有限的方式使用。②负效性。所有造福人类的资源在开发和使用时也会产生负面影响，如空气污染、臭氧空洞等，因此必须审慎开发和利用。作为打击犯罪手段的刑罚也不例外。对它的滥用必然对社会及个体具有某些程度的不良效应。从犯罪人角度来看，刑罚是加诸犯罪人身上的"恶害"，死刑尤甚。因此，刑罚是严厉的，但必须也是审慎的，它必须与前面的控制手段有所区别，成为保护社会的最后一道屏障。

（4）经济刑和目的刑思想的要求。从经济学的角度看，任何资源都是有限的，国家的司法资源也是如此。国家对一个罪犯判处刑罚、执行刑罚，不仅罪犯付出代价，国家亦须投入大量人力和物力，同时，国家还在政治上为适用刑罚付出代价。1986年，欧洲理事会在"监禁刑替代措施"的报告中指出，面对监狱人满为患的状况，实务家们再也不简单地以犯罪学标准（如累犯、处罚性质）来论争问题，转而以社会经济的标准（如刑罚的财政与社会耗费、刑罚的社会效果）来看待问题了。[1]尽可能少地发

---

[1] 转引自谢望原："西欧探寻短期监禁刑替代措施的历程"，载《政法论坛》2001年第2期。

动刑事诉讼程序，节省刑罚资源，而以非刑罚化措施作为替代正符合了经济刑的要求，也就成为人们的一种必然选择。

目的刑主义认为，无论刑罚对已然之罪的事后报应多么公正，都不可能改变犯罪行为已经发生这一事实，也不可能弥补犯罪所造成的恶害或者恢复犯罪行为发生前的原状，因而着眼于犯罪恶害程度的刑罚报应总是被动的、消极的、徒劳的。事实上，刑罚只要是国家的，就不可能是原始本能的、冲动的东西，其自身一定会有某种必要性和目的性。李斯特指出："法的目的观念是内在的，这个法的目的观念是法的本体……只有用刑罚目的观念来彻底约束刑罚权力，才是刑罚主义的理想。"[1]罗尔斯则进一步明确指出："刑罚妥当与否，只能依据刑罚作为维护社会秩序的工具、实施它的可能效果来评价。如果实施刑罚的结果表明它具有促进社会利益的效果，它就是适当的；否则，就是不妥的。"[2]目的刑论主张，一方面刑罚必须是达成社会防卫的合理目的的手段；另一方面刑罚又必须为防止具有社会危害性的人实施危害社会行为的目的服务，以每个罪犯的个别情况为标准来确定个别的刑罚。根据对犯罪原因和犯罪人情况的实证科学研究，目的刑论主张对不同类型的罪犯适用不同的处分，如菲利主张对天生犯罪人和不能改造的习惯犯罪人适用隔离处分，对可能改造的习惯犯罪人和偶然犯罪人适用治疗、矫正处分，对激情犯给予损害赔偿处分，对行刑终了仍有危险性的人和虽未犯罪但有犯罪倾向的人预先采取防卫措施。李斯特主张，对机会犯以惩戒为主要手段，对可能改善的情况犯应当进行矫正、治疗和感化，对不可能改善的情况犯则进行长期或终身隔离。除此之外，李斯特还主张限制短期自由刑、扩大缓刑和假释的适用范围、废除或限制死刑、改进行刑设施、实行保安处分和不定期刑制度。正是以菲利和李斯特为代表的目的刑论，看到了传统刑罚对犯罪的被动、事后、消极的

---

[1] [德] 冯·李斯特：《论犯罪、刑罚与刑事政策》，徐久生译，北京大学出版社2016年版，第67页。

[2] [美] 理查德·霍金斯、杰弗里·P.阿尔珀特：《美国监狱制度——刑罚与正义》，孙晓雳、林遐译，中国人民公安大学出版社1991年版，第98页。

惩罚的功能局限，在积极倡导目的刑观念的同时，积极探索弥补刑罚功能不足的"刑罚替代措施"，提出了限制刑罚适用范围的犯罪的非刑罚处理和保安处分理论。在目的刑论的倡导下，在反省以剥夺自由刑为中心的传统刑罚体系缺陷的基础上，各国刑法不同程度地规定了犯罪的非刑罚化处理的措施，从而大大限制了法定刑罚的范围，推动了世界性刑法改革之中的非刑罚化运动。

2. 刑罚化的思想渊源

（1）一般预防理论。一般预防，是相对于特殊预防而言的，指通过对犯罪人适用刑罚，而对社会上的其他人，主要是那些不稳定分子产生阻止其犯罪的作用。一般预防的对象是社会上的其他人，这是一般预防区别于特殊预防的一个显著特征。一般来说，一般预防的对象主要是以下三种人：一是潜在的犯罪人，是指那些社会上的不稳定分子。这些人已经产生了犯罪意图，具有犯罪的现实可能性。潜在犯罪人具有对社会造成危害的潜在危害性，因而是一般预防的首要对象。二是被害人，是指受到犯罪侵害的当事人，广义上的被害人除上述当事人外，还包括其亲属，尤其是在杀人等犯罪案件中，被害人死亡，感受到切肤之痛的往往是被害人的亲属。在被害者当中，被害者与加害者之间存在"刑事上的对立"关系。正因为如此，被害人具有强烈的要求惩罚犯罪人的愿望。如果这一愿望不能被满足，被害人就会基于复仇的动机，对犯罪人进行报复，从而构成新的犯罪。因此，被害人也是刑罚的一般预防对象。三是其他守法公民。一般预防通过对犯罪人适用刑罚来警戒社会上有可能犯罪的分子，防止他们犯罪，并教育和支持广大人民群众自觉遵守法律并同犯罪分子作斗争，所以，广大人民群众也是一般预防的对象。

一般预防的实现，有赖于整个刑事活动的开展，并贯穿于刑事法律活动的全过程，但是刑事立法本身的作用对于一般预防来说是具有重大意义的。因为只有刑事立法把所有的犯罪行为都配以刑罚，没有疏漏，做到有罪必罚，才是对犯罪最强有力的约束力量，才能真正地威慑到社会潜在的犯罪人。只有所有的犯罪人犯罪后都必然接受刑罚的处罚，才能真正地起到安抚被害人的作用。满足了他们惩罚犯罪人的愿望，才能浇灭他们心中复仇的怒火，防止新的犯罪的发生。只有所有的犯罪人犯罪后都必然接受刑罚的处罚，才能使人民群众看到法律的威严，看到法律的有效保障，才能使他们从根本上遵守法律，并更有信心和力量来同犯罪分子作斗争。而刑罚化正是产生于一般预防的这些要求，一般预防注重对社会秩序的保护，刑罚化则据此对刑罚的需要研究并提出具体而明确的标准，让刑罚规范随着社会发展要求的变化而变革。它从刑罚的完善出发，确保刑罚对犯罪的惩罚，确保一般预防的实现。

（2）刑事古典学派思想。功利主义可以说是刑事古典学派的一面大旗，他们提出"最大多数人的最大幸福"这样一个功利主义的经典公式，而边沁和费尔巴哈则真正发展和演绎出了一套功利主义方法论。边沁说："自然把人类置于两位主人——快乐和痛苦——的主宰之下。只有它们才指示我们应当干什么，决定我们将要干什么。是非标准，因果联系，都由其定夺。凡我们所行、所思，无不由其支配；我们所能做的力图挣脱被支配地位的每项努力，都只会昭示和肯定这一点。一个人在口头上可以声称绝对不会受其主宰，但实际上他将照旧每时每刻对其俯首称臣。功利原理承认这一被支配的地位，把它当作旨在依靠理想和法律之手建造福乐大厦的制度的基础。"根据这一理论，边沁认为犯罪除了是被立法者所禁止的行为外，更是一切基于可以产生或者可能产生某种罪恶的理由而人民认为应当禁止的行为，也即犯罪是一种被禁止的恶。对于刑罚，边沁认为它也是一种恶，是一种可能排除某种更大恶（犯罪之恶）的恶。因此在保持罪刑均衡的前提下，在避免了滥用之刑、无效之刑、过分之刑和昂贵之刑之后，让刑罚之苦超过犯罪所得之利，这样的刑罚既成为有效而有力的刑罚，成为实现最大多数人的最大幸福的刑罚。另一位功利主义的刑法大师费尔巴哈的刑罚理论，可以概括为以下这句名言：用法律进行威吓。刑罚是一种威吓，这是费尔巴哈对刑罚功能的基本观点，关于威吓的心理依据，费尔巴哈又提出了著名的心理强制说。由于人是一种自然的存在者，因此人的行为必然受自然规律的支配，趋利避害作为人的本能就是这种自然规律之一。费尔巴哈认为,所有违法行为的根源都在于趋向犯罪行为的精神动向,它驱使人们违背法律。而教育等非强制的方法并不能完全消除这样的精神动向,于是国家必须建立以消除违法精神动向为目的的防线,即求助于心理强制。他认为,人之违法精神动向的形成并非无中生有,而是受了潜在于违法行为中的快乐,以及不能得到该快乐所带来的不快的诱惑。这样,费尔巴哈就来向功利主义的趋利避害原则寻找理论根据,他指出,使违法行为中蕴含某种痛苦,已经具有违法精神动向的人就不得不在违法行为可能带来的乐与苦中进行细致地权衡,当违法行为所蕴含的苦大于其中的乐时,主体便会基于舍小求大的本能,回避大于不违法之苦的苦,而追求大于违法之乐的乐,自我抑制违法的精神动向,使之不发展为犯罪行为。所以,费尔巴哈认为,刑罚的威吓能够起到心理强制的作用。刑事古典学派的这些思想和方法论成为刑罚化的重要思想渊源。根据上述刑法学家的思想,在保障了罪刑法定原则和罪刑均衡原则等的前提下,刑罚的扩张相应地会带来其消除犯罪之恶功能的扩张,会带来其威吓功能的扩张,就可以更大限度地实现人的幸福。

(3) 犯罪化思想主导。犯罪化又称入罪化,是指因时代与环境的影响,某种行为过去没有出现,或者过去不认为是犯罪,或者过去无法判断,或者因科学技术的发展而现在出现了并且认为有给予刑罚处罚必要的行为。在20世纪50年代后非犯罪化潮流出现之前,世界刑法在出罪入罪范畴上一直是犯罪化一元单轨占统治地位,非犯罪化潮流出现后,犯罪化也并没有就此灭亡,而是和非犯罪化一起二元双轨地主导世界刑法出罪入罪范畴。犯罪化思想的产生大体基于以下两点:①犯罪的无穷性。社会经济的发展带动整个社会广度和维度的扩展,新的广度和维度一方面丰富了我们的社会,另一方面因为这些新增的社会和以前的社会一样不可能是完美无缺的,因此这样的扩展必然带来新兴的犯罪,社会在无穷性的发展,同样,犯罪也在无穷性的发展,所以,作为国家控制犯罪的刑法必须与社会同步进行犯罪化。②对犯罪的认识的加深。科学发展左右人们对犯罪与犯罪人的研究,在科学不够昌明的时代,人们多依靠脱离个案的思辨来研究犯罪行为，这样很难得出科学的结论，也很难认定一些行为是否为犯罪并需要处罚。但是19世纪中叶以来，自然科学进入了快速发展的时期，新的研究方法和成果大大地开拓了对犯罪和犯罪人研究的视野，对一些以前我们无法识别是否具有主观恶性和社会危害性的行为，我们现在有了科学的结论，如在交通领域等的过失犯罪等，因此要对它们进行犯罪化。对于上述因为各种原因而犯罪化的行为和行为人，刑法必然要分配给他们以适当的刑罚，这样在犯罪化的主导下，刑罚自然在其适用的数量和种类上出现刑罚化的趋势。

（二）两者的内容与要求不同

1. 非刑罚化的内容与要求——刑罚的退守

非刑罚化要求刑罚的退守，即在势力范围上的缩小，在种种犯罪面前，尽量以非刑罚的方法来替代刑罚，使刑罚的适用处于一种不得不为和尽量少为的状态，使刑罚及其可控制的罪行范围尽量的小。具体来说，综观世界各国，非刑罚化基本通过实质性的方式和程序性的方式来实现刑罚退守的要求。实质性的实现方式，是指通过刑事实体法律规定根本避免刑罚的适用，实现非刑罚化；程序性的实现方式，是指通过刑事程序性法律规定来避免刑罚的适用。

（1）实质性实现方式。第一，通过非犯罪化，实现刑罚的退守。即把各种传统的轻微犯罪转化为违反秩序的一般违法行为。非犯罪化，其主旨是避免刑法对社会生活的过多干预，使刑事司法力量更有效地对付严重的犯罪，所谓把犯罪限制在维护公共秩序所必需的最低范围内。非犯罪化不但对某些类型的犯罪，诸如流浪行为、通奸、色情行为、自杀和堕胎等，都已经不作为犯罪处理，而且对于其他一些犯罪行为，如交通上的犯罪，也正在考虑不适用刑罚。在各国立法与司法实践中，非犯罪化或者从刑事司法上取消某些犯罪行为，或者在执法上对这些犯罪不追究刑事责任，在此意义上，非犯罪化与非刑罚化可谓一体之两面，非犯罪化必然导致非刑罚化。

第二，通过规定免刑制度和免除处罚情节，实现刑罚的退守。脱离了报应刑藩篱的现代各国刑法，根据实现刑罚目的的需要，普遍规定了作为有罪必罚原则例外的免刑制度，对犯罪行为规定了许多免除处罚的情节。行为人只要具备了法定的免除处罚情节，尽管其行为仍然构成犯罪，但法院也只能确定其有罪，而宣告免除其刑罚处罚。如《法国刑法典》第132-58条规定："在轻罪方面，或者除第132-63条及第132-65条规定之场合外，在违警罪方面，法院在宣告被告有罪并在必要时作出没收有害物或危险物的判决后，得免除被告其他任何刑罚。"第132-59条规定："如表明罪犯已获重返社会，所造成的损失已予以赔偿，由犯罪所造成的危害已告停止，可予以免除刑罚。宣告免除刑罚的法院得决定在犯罪记录上不记载其决定。"

第三，通过非刑事制裁措施实现刑罚的退守。所谓非刑事制裁措施，是指对依法被确定有罪的罪犯不适用刑罚，而采用刑罚以外的不具有刑事制裁性质的手段予以处分。非刑事制裁措施一般适用于有免除刑罚情节的罪犯、罪行轻微的罪犯或有轻微罪行的未成年人，它本身不具有刑罚的性质，但又可以起到弥补刑罚功能局限的作用。随着非刑罚化运动的发展，各国刑法都规定了许多非刑事制裁措施，作为替代刑罚的制裁措施。

第四，实行保安处分制度。保安处分是指对于有犯罪行为或类似违法而具有特殊危险性的罪犯，为防止发生危险，作为补充或代替刑罚而采用的特殊处置办法。该制度起始于1893年《瑞典刑法典》，后逐渐为许多国家尤其是西方国家的刑法所接受。1932年国际刑法会议指出："不能适用刑罚的时候，或仅用刑罚不够的时候，建立保安处分的体系，以补充刑罚体系是不可避免的措施。"从目前各国保安处分的种类看，有些也不免带有刑罚的性质。但总的来看，保安处分冲淡了刑罚观念，强化了处罚时的教育与改造功能。

（2）程序性的实现方式。第一，采取起诉便宜主义。采取起诉便宜主义（Immunity From Prosecution），是指检察机关（检察官）对于某些案件经过一定的程序，在某些特殊条件下，可以在起诉前终止案件。起诉便宜主义是对传统的有罪必诉、有罪必罚的起诉法定主义的否定。它的适用大体有两种情况：一是对于犯罪情节轻微者适用，如《德国刑事诉讼法》第153条规定：罪责轻微而其行为之结果无关紧要之微罪事件，可不予追诉；二是犯罪情节未必轻微，但因为被告主观恶性较小，暂时不起诉，如在一定的期间不犯新罪，则不再起诉，反之，则前罪和新罪合并起诉，此谓缓起诉。综观现代各国，起诉便宜主义或明载于法典，或运用于司法实务，虽然其范围各国有所不同，但都终止了追究刑事责任的程序，不失为一条通往非刑罚化的重要途径。

第二，更广泛地采用缓刑。缓刑（Probation）是对偶犯或犯罪行为轻微者，暂缓其刑之宣告或暂缓其宣告刑的执行，在一定的考验期内不犯新罪，即不再对其刑之宣告或宣告刑不再执行的一项制度。缓刑制度在现代刑事责任方法中占有极其重要的地位，故有人称其为是可与刑罚、保安处分并列的刑事责任方法"第三轨"，可谓一种独特的非刑罚手段。缓刑实际上是为调整短期自由刑的不足而设。现代司法实践表明，短期自由刑流弊甚多，往往难以起到改造罪犯的效果，相反，由于监禁设备有限，偶犯和累犯、重犯与轻犯杂居在一起，容易使短期自由刑者沾染恶习，增加改造罪犯的难度。此外，一旦身陷囹圄，其职业、名誉均有影响，往往使其精神难以自拔，转向自暴自弃、重新犯罪。而缓刑则给了犯罪分子一个机会，在基本不影响其生活现状的情况下，能够认识到自己罪行所引起的损害，进而走到守法的道路上来。当然，各国在缓刑的种类、缓刑的条件和撤销缓刑的宽严上，颇有差异，但各国刑法都实行缓刑并有逐渐扩大其适用范围的趋势。

第三，将案件移送社会法庭审理。社会法庭，各国称谓不尽一致，苏联称"同志审判会"，美国称"社区法庭"，古巴称"社会法庭"。对轻微的、危害不大的案件由社会法庭审理往往比法院的刑事审判庭更有理更有效，累犯率很低。社区法庭采取的手段主要是调解等，这样做不破坏社区居民的关系和邻里之间的和睦，目的是将小型或轻微纠纷争议的案件从法庭中分离出来。这类法庭设置在社区或工厂内，并由地方民众选举而产生，成员也不一定都具备法律知识；被推选的法庭成员免费向当事人服务,通过对一些轻微犯罪的审判,可以达到迅速结案的目的。

第四,善时制度。非刑罚化的另一种可能性,就是在执行刑罚过程中有条件或无条件地缩短执行刑期,前者如假释、保释,后者如善时制度(Good-time system),"乃对在监刑就良善之受刑人予以缩短其刑期之制度"。[1]这同样是在教育刑思想的指导下形成的现代刑制度,即如果罪犯确实获得矫正,有悔改表现时,就应不再让其身陷囹圄,而应让其早日重返社会,基于这些考虑,各国均有假释、保释等制度,以激励服刑者早日悔过自新。对于免除的余刑来说,可以说是采取的非刑罚化措施。

第五,短期自由刑的替代措施。近年来,非刑罚化方法不断更新。如在欧洲,盛行短期自由刑与罚金的易科,最大限度地降低了短期自由刑的适用。金钱赔偿、担保、软禁、向受害人道歉、社区服务(Community Service)、具结悔过、周末监禁、公开训斥等都是现代各国比较常用的非刑罚处理方法。金钱赔偿是指按照法律规定履行向被害人或者社会性事业机构(如红十字会)交付一定数额金钱的义务,因而这种处置措施既不是刑罚,也不是民事赔偿,而是兼具两者的某些属性;担保是指对于犯罪较轻的人,由第三者担保犯罪人遵守法律秩序,不再犯新罪的措施;社区服务,是责令犯罪人在一定时间内为社会性事业从事某项特定的工作。例如,英国在1973年《刑事法庭权力法》中创立"社区服务"刑种,即法官可以判令被告人进行无偿的社区工作,弥补因其罪行给社会和个人造成的损害。我国香港特别行政区的"社会服务令"条例于1984年正式通过,并在1998年扩展至区域法院、高等法院的上诉法庭及高等法院法庭。

第六,美国的所谓"辩诉交易"(Abolition of Plea Bargaining)也不失为一条非刑罚化途径,它是指诉讼被告人表示认罪或虽不认罪但也不进行辩解,以期换取撤销指控,获得从宽处理,在撤销指控的情况下,实际上就是非刑罚化的措施。由于其简单有效,以致美国有许多案件是通过"辩诉交易"的方式解决的。

---

[1] 康树华:《青少年法学》,北京大学出版社1986年版,第242页。

当然，实践中非刑罚化途径远不止这些，并且还会有新的方法出现。基于刑事政策，各国在采用的种类、宽严尺度上有显著的差异。此外，有些方法本身并非完美无缺，一旦运用不当，也会有副作用。所以，对各种方法的得失，各国都在实践中不断探索和总结。

2. 刑罚化的内容与要求——刑罚的进攻

刑罚化则是要求刑罚的进攻，即在势力范围上的扩张。刑罚化主要包括两个方面：

一方面，在种种犯罪面前尽量设计出科学完备的刑罚大厦，使刑罚成为一个有层次的、系统的、全面的对付犯罪的有力武器，并保障它本身的最后严厉性的特征。其中首先体现为刑罚质的扩张，表现为刑法中刑种的系统、层次和全面。刑法进入文明时代后，封建威吓时代野蛮严酷而纷杂的肉体刑法被废除，新的刑罚系统在逐渐建立。20世纪以来，从刑法的世界发展来看，这一系统的建立经历了以自由刑与死刑为核心的刑罚逐渐向以社区矫正刑与自由刑共同主导的刑罚的转变，这一重心的转变必然带来刑罚在质上的扩张。因为在以自由刑与死刑为主导的刑罚时代，刑法的层次基本为短期自由刑、中期自由刑、长期自由刑、终身监禁以及死刑，也就是对犯罪人来说，他们只会面临两种境遇：监禁或者死刑。这样一种刑罚体系是封闭而不全面的。而在以社区矫正刑与自由刑作为主导时代的刑罚，犯罪人可被选择的刑罚既是多样的又是开放式的，因为社区矫正刑作为一种社会的刑罚执行方式，可以有多种演化形式，在西方国家，社区刑罚的丰富是有目共睹的。而且面对社会日益复杂化、多样化的犯罪发展，单调而僵化的刑罚也无法适应这一形势。根据刑罚化的要求，刑法在完善本身的层次和系统的同时还必须保持其在社会整个犯罪控制系统内的应有地位，即刑法在社会犯罪控制系统中是保障的、是最后的、是最严厉的。这就要求刑法将刑法之外过于严厉性的犯罪控制手段吸收进刑罚中来，在中国就比如劳动教养的刑罚化问题等。

另一方面，在处于社会转型期的特殊历史阶段，面对犯罪的上升趋势，必然要加大刑罚量和加重刑罚。社会转型带来的社会动荡会激发一些犯罪，随着社会政治经济生活进一步丰富与多元，新型世界恐怖主义的阴云笼罩全球，作为一个开放的国家就无法不被这样的形势影响，尤其对于面临一定的民族宗教问题的国家来说，恐怖主义犯罪必然会出现而且会严重影响国家与社会的安定发展。从统计数字上看，各国犯罪案件的总数与犯罪增长率都达到了史无前例的程度。如美国，按每10万人口平均发生案件数看，最高纪录是1980年。如果1974年为100万件，那么1980年则为116万件。当时的联邦德国，除了所谓违反《道路交通法》、特别法之外，1973年确认的违反刑法犯256万件，1984年则为413.3万件，增加了大约60%。[1]需要是发明之母，需要是价值的基础，所以对于上述这些新型的犯罪，必然要将它们纳入刑法的调整范围。这势必需要扩大刑法调整范围，增加罪名。对于被纳入刑法调整范围的罪名以及增加的新罪名，刑法必须规定相应的刑罚，这就必然导致刑法的刑罚化。具体来说，新型犯罪的出现会导致刑罚在量上的扩张，这一点不难理解。另外，由于很多社会危害性与人身危险性极其严重的犯罪的出现，必然导致刑罚的"重重"，即对于严重的犯罪，必须采用严厉的刑罚来处治。如美国对制造震惊世界的"俄克拉何马市联邦大楼爆炸案"的元凶迈克维判处死刑，日本对制造"地铁沙林毒气惨案"的奥姆真理教的罪犯判处死刑都说明了这一点。

（三）两者统一符合刑罚发展的历史轨迹

1. 刑罚化——由威慑刑入等价刑

大致出现在中世纪的西方，中国封建时期的威慑刑罚时代，刑罚脱离了单纯追求对犯罪的惩罚，开始注重对犯罪的遏制。基于对刑罚的这种遏制作用的认识，人们不再满足仅仅将刑罚作为惩罚犯罪的对象，而是开始有意识地追求刑罚对预防犯罪的效果，因此在制刑、动刑、配刑、行刑等各方面都体现出这一追求。在制刑上不再以犯罪的外在形态为蓝本，而是根据对犯罪严重性的主观评判来确定其应受制的力度，然后再凭主观想象

---

[1] 谢锡美："西方国家刑罚结构两极化走向背景透视"，载《杭州商学院学报》2002年第5期。

来设计作为最有效地遏制犯罪的手段的刑罚，这样制刑的结果导致了刑罚方法的复杂性与残忍性。在动刑上，威慑刑以主观归罪为动刑的前提，行为的客观损害对于定罪已经没有多大的意义，只要行为人具有犯罪的主观意向，甚至只要被认为具有犯罪的主观意向，而不需要任何事实根据，便可以被认定为犯罪，因此与制刑的随意性一样，威慑刑时代的动刑也具有很强的随意性；在刑罚的分配上，威慑刑完全摆脱了刑害对称的同态复仇的规则，而奉行刑恶相当与刑需相应相结合的配刑理性；而在行刑上，威慑刑最大的特征即为行刑的公开恐怖性，以最大限度发挥刑罚的威慑性。威慑刑时代的刑罚是刑罚最膨胀的时代，也可以说是最貌似刑罚化的时代。但是威慑刑时代的"刑罚化"并不是本书所要探讨的刑罚化，因为无视刑罚的人道性是威慑刑最极端的无理性所在。在刑罚由威慑刑入等价刑后，真正的刑罚化才来临。

  首先等价刑在本质上不同于威慑刑，即等价刑是近代启蒙思想的产物，尤其是启蒙思想家们所倡导的自由、平等与博爱的观念，更成为等价刑的三大支柱。而在此基础上的三权分立学说、立法威慑论与法律报应论的创立则成为等价刑深厚的理论基础。其中立法威慑论与法律报应论成为刑罚化滥觞于等价刑时代的重要基础。立法威慑论，作为等价刑之理论基础，源于功利主义刑罚论者贝卡利亚与边沁，完善于德国刑法学家费尔巴哈。贝卡利亚与边沁都是以预防犯罪为目的的功利刑的主张者，而被其作为刑罚之功利根据的预防犯罪又主要是一般预防即威慑。而另外，两者强调刑罚必须是由法律所规定的。因此，以立法的形式确定刑罚，以威慑人们，使之不犯罪，是贝卡利亚与边沁的刑罚论的核心。这种立法威慑论被费尔巴哈进一步发扬光大，而真正成为一种系统的刑罚学说。在费尔巴哈看来，人之所以犯罪，是受了"潜在于违法行为中的快乐"的诱惑与"不能得到快乐时所潜在的痛苦"的压迫。国家以法律的形式赋予犯罪与刑罚以必然的因果关系，便使犯罪中蕴涵一定的痛苦。这样，只要有刑罚存在，意欲犯罪者就不得不在心理上对犯罪的利弊得失进行仔细地权衡，并因恐惧受刑之苦而舍弃犯罪之乐，自觉地抑制"违法的精神动向"，使之不发展为犯罪行为。显然，费尔巴哈的这种心理强制说，奠基于刑罚的立法威慑功能之上。正是这种立法威慑论，构成了以法律责任与威慑相结合为核心的等价刑体制的指导思想。这里我们可以看到等价刑这一指导思想也正是前文所述的刑罚化的思想渊源之一，因而，等价刑时代的刑罚在自由、平等与博爱的支柱下，在刑法威慑论等理论的支撑下，实现了真正的刑罚化。刑罚化也在威慑刑入等价刑的刑罚历史发展中逐渐实现了它的实质。

2. 非刑罚化——由等价刑入矫正刑

在等价刑时代已经出现了非刑罚化的萌芽并且有了一定的发展。在制刑上，等价刑时代的刑罚与威慑刑最明显的区别是严格实行制刑与配刑的分离。作为制刑之结果、配刑之前提的是规定于刑法总则中的刑罚体系，作为立法上配刑之结果与司法上配刑即量刑之前提的是规定于刑法分则之中的具体犯罪的法定刑。等价刑通过刑罚体系所显示的制刑的特点首先就在于废除肢体刑、肉刑等酷刑，削减与限制死刑；在动刑上等价刑最鲜明的特点在于依法定罪与依法动刑。彻底改变了威慑刑时代为追求遏制犯罪而出现的罪刑擅断、罪刑随意及刑罚的残忍。在配刑上，等价刑最明显的特征为依法配刑与等价配刑。依法配刑，刑法实行严格的刑罚二次分配制。自1891年的《法国刑法典》开始，刑法确立了相对确定的法定制度，从立法的角度实现了刑罚的第一次分配，这种相对确定的法定刑，从立法的角度严格限制了配刑的范围，排除了法外配刑的可能性，从而保障了刑罚的第二次分配即司法量刑的依法进行。在行刑上，等价刑时代的刑罚的显著特点是行刑的文明与统一，既不以加重受刑人的痛苦为内容，也不再奉行恐怖主义。从等价刑以上的诸环节我们已经可以看到非刑罚化，但是等价刑时代的非刑罚化只不过是一个开端而已，随着刑罚迈入矫正刑时代，非刑罚化的时代才真正到来。

矫正刑以预防犯罪人再犯罪为基点，使刑罚的视角由行为转向了行为人，由一般人转向了个别人，因而在制刑、动刑、配刑及行刑方面都显示出它的不同，这一系列的不同从各个方面反映出了非刑罚化的浪潮。矫正刑在制刑上总的特点为削弱刑罚的惩罚性而增强其教育性。首先，矫正刑要求废除死刑。一直被认为具有无与伦比的一般威慑功能而强有力地占据刑罚重要位置的死刑，因不符合矫正刑的矫正理念而首当其冲地受到抨击，对死刑的废除遂成为刑罚体系由等价刑转向矫正刑的首选目标。其次，矫正刑要求简化自由刑。矫正刑着眼于对犯罪人的教育、改造，因而注重自由刑的积极作用。相应地，等价刑时代基于惩罚与威慑而设置的多种不同的自由刑之间的严厉性等级差别，对于教育、改造犯罪人已经显得不适应，因此，自由刑的统一化与简化遂成为矫正刑时代制刑的又一特点。再次，矫正刑要求改造自由刑。与注重对犯罪人的教育改造相适应，矫正刑削减自由刑的严厉性，并赋予教育、感化、职业训练与心理矫正等有助于对犯罪人的矫正的新内容，也是矫正刑在制刑上的重要特点。然后，矫正刑要求改良资格刑。由于资格刑本身不具有改造性，而且又损害犯罪人的名誉等，不利于犯罪人改过自新，不符合矫正理念，因此在矫正刑时代，废除资格刑或者资格刑的非刑化遂成为一种特点。最后，矫正刑要求增设保安处分体系。矫正时代的制刑者在改造传统刑罚体系，使之符合矫正需要的同时，又在传统刑罚体系之内增设或在其外单设了使具有人身危险性者与社会相隔离的保安处分体系。在动刑上，对于那些虽然构成了犯罪但是并不具有人身危险性者，可以不对之定罪动刑或虽予定罪但是免予动刑。在配刑上，矫正刑要求短期自由刑非刑化。由于短期自由刑存在既不足以使犯罪人得到有效的改造又容易使犯罪人互相感染的弊病，以及对犯罪人的教育、矫正不相适应的缺陷。在矫正刑时代，各国刑法普遍采取非刑化措施取代短期自由刑，对本应判处短期自由刑的犯罪人改为适用其他措施。而在行刑上，矫正刑要求大量地使用缓刑与假释，成为行刑矫正化的鲜明标志。所以从上述矫正刑在制刑、配刑、动刑及行刑方面的特点可以看出，矫正刑时代，可以说也是非刑罚化的时代。

（四）两者在折中刑时代相互交融

随着刑罚的进化，矫正刑于20世纪60年代后期开始退出刑罚的历史舞台，而刑法改革的浪潮则将刑罚推向了折中的时代。通过对刑罚发展这一历史的考察与对折中时代刑罚的认识,折中刑遂成为迄今以来人类历史上最为合理的一种刑罚体制。与等价刑一样,折中刑奠基于犯罪对刑罚的决定作用之上,抛弃了威慑刑与矫正刑片面夸大刑罚的威慑或矫正功能所体现的对人的主观能动性的片面夸大,构成对威慑万能与矫正万能的否定,在本质上构成对等价刑的合理复归。而折中刑又与威慑刑和矫正刑一样,肯定刑罚具有预防犯罪的作用,国家可以通过赋予刑罚以威慑等功能遏制一般人犯罪,并同时赋予刑罚以教育、改造等功能,阻止犯罪人重新犯罪。这样在承认了人的主观能动性的同时,继承了威慑刑与矫正刑的合理因素而扬弃了报复刑的无理性。既肯定犯罪之于刑罚的决定作用,又肯定刑罚对于犯罪的反作用;既否定犯罪对刑罚的决定作用的机械性,又否定刑罚之于犯罪的反作用的绝对性,使折中刑根植于主客观的辩证统一中,因而具有旺盛的生命力。正是这个科学地综合了报复刑、威慑刑、等价刑和矫正刑的折中刑的时代,为刑罚化和非刑罚化的相互交融提供了历史的机遇。20世纪五六十年代以来,世界上刑法比较发达的国家在刑罚的发展与改革上大都体现出了"重重轻轻"这样一个趋势,即对严重犯罪,特别是暴力犯罪、有组织犯罪、毒品犯罪等采取较严厉的刑罚予以处罚;而对较轻微的犯罪和一些中等程度的犯罪则采取了宽缓的刑罚或者非刑罚的方法予以处罚。由此可见,无论在思想抑或实践上,刑罚化与非刑罚化在这样一个折中刑的时代已经开始融合和统一了。

(五) 两者有统一的现实基础

1. 哲学层面

马克思主义矛盾论认为,所谓矛盾,就是指事物内部或者事物之间包含的既互相联系、互相依存、互相渗透,又互相分离、互相排斥、互相否定的方面和倾向。矛盾就是对立统一,对立和统一是矛盾的两种基本属性。矛盾是事物发展的源泉和动力,矛盾在事物发展中的这种作用,是通过矛盾的同一性和斗争性的具体作用而表现出来的。非刑罚化与刑罚化正是一对矛盾,它们一方面互相分离、互相排斥、互相否定,另一方面又互相联系、互相依存、互相渗透,而且在这样的互相分离、联系,否定、依存的过程中，非刑罚化与刑罚化不是越来越对立，而是在同一性和斗争性的作用中逐步走向统一，非刑罚化与刑罚化的斗争性使两者之间旧的体制与模式被打破，并向新的统一体发展，非刑罚化与刑罚化的同一性又使双方能够互相吸取有利于自己的因素，在互相利用、互相促进中得到发展，并最终实现新的质的统一。

20世纪中期问世的系统论、控制论与信息论，即所谓"三论"一经出现随即取代传统哲学方法论而成为占主导地位的方法论，构成了刑罚化与非刑罚化相统一的重要哲学基础。"三论"带来了认识论与方法论上的革命，对哲学、自然科学与社会科学的研究影响巨大。其中，系统论与信息论与矫正刑的衰落、折中刑的勃兴关系密切。根据系统论的基本原理，对事物的考察应有系统整体的观点，事物的最佳功效在于其构成要素在整体上的有机组合，而不在于其某一因素，即在于其整体优势，而不在于其局部优势。相应地，对事物的功效的追求应该是以对事物的整体设计、内在结构的相关分析为前提的整体功效的追求，而不能仅是追求某一因素所决定的功能。简言之，正如两个人的有机组合的优势大于其简单凑合的优势一样，对事物的设计与解释的基点应该是其内在因素相结合的相关性与有机性。以此为基点来审视矫正刑，其弊端一目了然。因为矫正刑正是仅奠基于对刑罚的个别预防功能这一单一效果的认识与追求之上，将个别预防作为了刑罚的唯一目的，而忽视了刑罚的惩罚功能与一般预防功能是刑罚功能系统固有的组成部分，因而失之片面。因此，在一定意义上说，系统论是单纯矫正刑的掘墓人。与系统论关系密切的信息论主张，根据信息予以反馈，是正确决策的基本依据。如人的行为的客观效果与其预定目标相吻合，所形成的便是一种肯定行为的正反馈，行为者应该据此确认行为的正确性，并保持原有行为。相反，如人的行为的客观效果与其预定目标相背离，所形成的便是一种否定行为的负反馈，行为者应该据此否定行为的正确性，并重新审视行为过程，改变决策。以此为依据，矫正时代与日俱增的累犯率构成不断否定矫正刑的负反馈，因为累犯率增长的客观效果与教育矫正犯罪人的主观目的之间的明显对立，以胜于雄辩的事实表明了矫正的失败。而这促使研究者与刑事决策者不得不对矫正刑模式由寄予厚望转向失望与怀疑，并最终对其科学性与合理性得出否定的结论。因此，信息论的问世，同样促成了矫正刑的衰亡。

2. 价值层面

在价值层面上，刑罚化不是奠基于以牙还牙、以血还血、杀一儆百的，不是奠基于刑罚万能论之上的，更不是奠基于纳粹所倡导的社会保护之上的。非刑罚化不是奠基于刑罚无用论的，不是奠基于无政府主义之上的。虽然刑罚化与非刑罚化在思想理论基础以及实践要求上有如此大之差别，但是它们又有很多相同点，有很多东西都是它们所珍视的，都是它们所遵从并努力实现的。非刑罚化奠基于自启蒙时代以来即被倡导并深入人心的自由，平等、博爱与人权的价值观念。

自由观念是如此深入人心，伟大的生命与可贵的爱情都无法与它媲美。自由是主体不受外在压制和束缚的状态，是主体具有依自己独立意志行事的能力。但自由不是无边际的，想要实现社会上所有人的大的"个人"就必须牺牲一些私己的自由。而法律就是这样一个保障和调和，大自由和小自由的平衡器。一方面个体自由的理念缩短了生命、身体与自由在观念上的价值差距，提高了对以剥夺自由为内容的自由刑的严厉性的评价，进而促成了非刑罚化的浪潮，以非刑罚的方式最大限度地去实现人（犯罪人）的自由；另一方面为了群体自由的实现，对于那些过度膨胀自我自由的个体，在其行为对群体自由的实现产生严重威胁时，自由的实现又需要刑罚的保障，尤其在威胁扩展时。因此，自由需要刑罚化来保障，刑罚化也在追求自由。

平等，作为一种理念，自出现以来即成为一种重要的社会价值，对刑法的影响尤其深远，它直接促成了刑法面前人人平等的法治观念。平等的理念对于刑法来说，产生了对犯罪的评价标准客观化与对刑罚评价标准公正化的要求，并导致了以犯罪的恶害性作为对犯罪的统一评价的客观依据、以刑与罪的价值对等作为刑罚公正性的评价标准以及同样的行为同样定罪、实施同样犯罪的人处以同样的刑罚、被处同样刑罚的人受痛苦相同为基本理性的制度确立。虽然犯罪人因为犯罪而受到刑罚的处罚，但是对于整个社会来说，平等仍要求给予犯罪人与社会其他个体平等的地位，即在刑法的意义上实现罪刑的平等，犯罪人之间的平等，在社会的意义上实现所有个体的平等。刑罚化与非刑罚化正是从这个意义上出发，努力实现对犯罪人刑法意义上的平等与社会意义上的平等。

博爱，经过启蒙思想家们的倡导自近代以来已经成为一种众所共识的理念，它直接促成了对犯罪评价的淡化与对犯罪人评价的宽容化，进而提出了对作为犯罪之否定评价的载体的刑罚人道化与缓和化的要求。博爱瓦解了穷法黩刑、不把犯罪人当人的威慑刑体系，促进了人道与宽和、文明的刑罚体制的确立。博爱一方面要求刑罚尽量地宽和人道，对那些罪行比较轻微，社会危害性不大的犯罪人，尽量不对他们适用刑罚，避免他们遭受到短期自由刑的弊端之苦；另一方面，对于那些罪行比较重，社会危害性比较大的犯罪人，博爱则要求对他们适用适当的刑罚，因为对他们只有通过刑罚的处罚和教育、矫正才能真正使他们洗心革面，重新成为一个合法的社会主体。在博爱的理念下，刑罚化与非刑罚化从各自的方面实现对博爱的追求，对犯罪人的关爱。

人权，是指特定社会的人们基于一定的社会物质条件和文化传统而产生出来的权利需要和权利要求。人权作为人最基本的权利，它是一种应有权利，是生下来就具有的。它又是一种实有权利，它必须在现实社会中为人们所实际享有才能得以实现。应有权利到实有权利的转换就必须依靠法律来实现，因此，人权还是一种法定权利。人权具有自然生成性；人权是一种具有普遍的、超出个别国家范围的性质的权利；人权是一种个人权利，它独立于集体权利、社会权利和国家主权。在一个文明社会，任何法律、制度等都必须首先注重对它所管辖的人的人权的尊重和保障，刑法尤其是如此，刑罚化与非刑罚化更不例外。刑罚化或非刑罚化的实现方法无论如何设计与谋划，必须时刻注重对人权的尊重和保障，失去了人权就等于失去了社会的最基本的因素——个体，这样只会变成无本之木，无源之水。

3. 法律层面

在法律层面上，刑罚化不是奠基于报复刑与威慑刑的刑罚之上，不是奠基于罪刑擅断，滥施刑罚；非刑罚化也不是奠基于随意出刑，放纵犯罪之上的。在法律层面上，他们都奠基并遵守于一定的原则，这些原则从根基上支持并约束他们，在这些原则中尤其以罪刑法定原则和罪刑均衡原则的意义最为重大。

法无明文规定不为罪和法无明文规定不处罚是罪刑法定的基本含义。罪刑法定的最早思想渊源一般认为是 1215 年英王约翰签署的《大宪章》第 39 条，它确定了"适当的法律程序"的法的基本思想。该条规定：凡是自由民族除经过其贵族依法判决或遵照国内法律之规定外，不得加以扣留、监禁、没收其财产、剥夺其法律保护权，或加以放逐、伤害、搜索或逮捕。我们可以看到，这里仅仅只是罪刑法定的一个萌芽而已。直到近代，罪刑法定才在启蒙思想家的著作中得到全面和系统地阐述，才真正成为一种思想潮流，较为明确地阐述罪刑法定原则的是意大利刑法学家贝卡利亚，他指出："只有法律才能为犯罪规定刑罚，只有代表社会根据社会契约而联合起来的整个社会的立法者才拥有这一权威。任何司法官员都不能自命公正地对该社会的另一成员科处刑罚。超越法律限度的刑罚就不再是一种正义的刑罚。"当然，罪刑法定真正成为刑法的基本原则，则是刑法学鼻祖费尔巴哈所倡导的结果。他在《刑法教科书》中明确提出了"罪刑法定原则"这一确切的法律术语，并在《对实证主义刑法的原则和基本原理的修正》一书中指出："每一应判刑的行为都应该依据法律处刑。"而"哪里没有法律，哪里就没有对公民的处罚"的论断揭示了罪刑法定原则的精神实质。在实践上，自法国的《人权宣言》和 1791 年《法国刑法典》相继确立罪刑法定原则后，罪刑法定原则遂成为世界各国刑法的基本原则之一。罪刑法定首先要求罪之法定。罪之法定是刑之法定的基本前提，也是罪刑法定原则的根本要求之一。同时，只做到罪之法定，没有刑之法定，仍然不可能有效地保障公民的合法权益，因此，刑之法定也是罪刑法定原则的重要内容之一。

罪刑均衡的观念最早可以追溯到原始社会的同态复仇。在理论上，一些中外古代思想家开始了对罪刑均衡的朦胧论述，但是由于历史的局限性，在严刑酷法的奴隶社会与封建社会，这些思想根本无法也不可能成为当时刑事立法与司法的原则。罪刑均衡作为刑法的基本原则真正确立于近代，17、18世纪的启蒙思想家们猛烈地抨击封建社会的严刑峻法，表达了社会对于罪刑均衡的基本要求。孟德斯鸠指出："惩罚应有程度之分，按罪大小，定惩罚轻重。"贝卡利亚指出"犯罪对公共利益的危害越大，促使人们犯罪的力量越强，制止人们犯罪的手段就应该越强有力。"当然随着历史的前进，对罪刑均衡原则的理解上也存在一个演变的过程。刑事古典学派的罪刑均衡原则，是基于客观主义的刑法理论，基于"行为中心论"的。他们所倡导的罪刑均衡中判断罪的大小标准是犯罪人所犯罪行的社会危害性，并以此来衡量和分配他所受的刑罚。19世纪末以来，刑事实证学派崛起，他们基于主观主义的刑法理论，基于"行为人中心论"认为罪刑均衡中判断罪的大小的标准是犯罪人人身危险性的大小，并以此来衡量和分配他所受的刑罚，于是他们主张刑罚的个别化。经过一个世纪的博弈，我们可以看到，罪刑均衡原则已经不再那样片面，它不仅要求考虑犯罪行为的客观危害性，同时也要求考虑犯罪人人格特征的人身主观危险性的大小，可以说它已经涵盖了刑事古典学派和刑事实证学派的罪刑均衡思想，成为一个科学的刑法原则。

（六）两者统一是现实需要

第二次世界大战以来随着西方社会进入后工业化时代，一方面带来了经济和物质的极大丰富，另一方面也带来了犯罪率的飞速上升和社会的动荡，社会治安形势令人担忧。从统计数字上看，各国犯罪案件的总数与犯罪增长率都达到了史无前例的程度。例如，美国，按每10万人口平均发生案件数看，最高纪录是1980年，如果1974年为100万件，那么1980年则为116万件。当时的联邦德国，除了所谓《违反道路交通法》、特别法之外，1973年确认的违反刑法犯256万件，1984年则为413.3万件，增加了大约60%。[1]除了传统的刑事犯罪，如杀人、抢劫、盗窃、强奸等，新的犯罪形式也在种类和数量上以惊人的速度出现和增长，白领犯罪、扣留人质、劫持飞机、集团犯罪、计算机犯罪、法人犯罪和恐怖主义犯罪等新型犯罪都逐渐出现，这些新型的犯罪令社会应接不暇，造成了很多新的社会恶果。有些犯罪造成的社会危害和直接的政治、经济损失达到了空前的地步。更令人不愿看到的是，青少年犯占据了犯罪总数的主要比例，青少年所犯的罪在犯罪总数中也占主要比例，惯犯、累犯、团伙犯、集团犯中青少年大量存在。一方面现实中犯罪大量发生，另一方面却出现了所谓拘禁过剩的现象。从当时联邦德国颇具代表性的不来梅州的情况来看，从1973年到1983年，受刑者的收容数约增加了2倍，截至1984年3月31日，收容总数为49.25%。若收容率以每10万人口比率来说，联邦德国为80人，美国为100人，民主德国为200人。在美国还出现了一系列监狱暴动事件，震惊了美国和全世界。[2]犯罪量猛增使得监狱设施难以适应现实的需要。如当时的联邦德国，许多行刑设施都是超过了一个世纪的陈旧建筑物，房间狭小，甚至到了受刑人同时行动都不可能的地步。因此，依靠单纯的扩大刑罚适用的力度和强度来威慑犯罪人或缩小刑罚适用的力度和强度转而依靠其他方法教育矫正犯罪人都无法奏效，现实需要的是一种辩证和区别对待的刑罚控制，即对严重犯罪，特别是暴力犯罪、有组织犯罪、毒品犯罪等应该采取较严厉的刑罚予以处罚；而对较轻微的犯罪和一些中等程度的犯罪则采取宽缓的刑罚和非刑罚的方法予以处罚。在现实的压力下，刑罚化与非刑罚化仅靠一己之力已经不堪重负，只有两者统一起来，相互配合，各尽其力，这样才能面对现实，改变现实。

---

[1] 陆青摘译："欧美犯罪及行刑动向"，载《国外法学》1987年第2期，第37页。
[2] 陆青摘译："欧美犯罪及行刑动向"，载《国外法学》1987年第2期，第34~39页。

第四章
刑事政策视阈下非刑罚化的中国选择

一、对中国"非刑罚化论"与"刑罚化论"的检视

(一)"非刑罚化论"及其检视

20世纪末以来,国内出现了很多倡导中国非刑罚化的呼声,总的来说有以下观点:

首先,非刑罚化是世界刑法改革的大潮流。从各方面看非刑罚化在现阶段都有其绝对的理性:在思想方面,非刑罚化奠基于刑法谦抑思想,符合教育刑的理念和要求;在现实方面,非刑罚化从刑事责任多元化出发,改革了刑罚的传统弊端,可以更好地适应社会发展;在科学上,非刑罚化符合实证犯罪学家们的科研成果;在经济方面,非刑罚化节省了国家与犯罪作斗争的司法资源,降低了社会控制犯罪的成本核算,实现了经济的目的。而且在世界刑法改革的实践方面,1893年瑞士刑法采取了刑事法律效果的"双轨制",即所谓刑罚与感化教育、监护、集戒、强制工作、保护管束等为主要内容的保安处分并行不悖。此后,各国在保安处分的基础上进一步发展了监督性的免除处罚、监外服刑等形式多样的刑事责任方法。1935年日内瓦第五届预防犯罪及罪犯待遇大会的决议着重指出,为了有效地预防犯罪,"要使全世界探索监狱以外的方法",监狱"不能有效地对付日新月异的犯罪形态和范围"。关于监外教育的决议又指出:"在许多情

况下，应当确信监外教养与监禁同样有效"。[1]20世纪60年代的刑法改革中，非刑罚化逐渐成为刑法发展的趋势，如1975年《德国刑法》中，缓刑的适用更为广泛，短期自由刑罚取消了，犯人服刑1/3以上即可获得假释。荷兰刑法则允许警察部门和公诉机关可以对罪案进行法院外解决。这些都是当今非刑罚化发展的一个缩影。可见，非刑罚化虽然是企图应对犯罪现象迫切需要的产物，是近代刑法理论影响的反映，但就其实质而言，非刑罚化反映了人们同犯罪作斗争的新认识，反映了理性、人道、正义和刑罚由严峻走向宽和的大趋势。从世界范围内刑罚日趋缓和的形势来看，在传统的限制人身自由刑罚的基础上，增加不限制自由的处罚，成为越来越多国家和地区的选择。

其次，我国刑法的传统及实践不但排拒非刑罚化，而且重刑化的趋向明显，因而我国的刑法要成为科学的刑法，成为符合和赶超世界潮流的刑法，就必须进行非刑罚化的改革。传统"刑罚万能"的报应观念，对我国的影响非常深刻。中国几千年的刑罚史就是一部重刑史，严刑峻法一直是统治者施行暴政的法宝，"以刑去刑"是重刑主义的理论基础。中国古代法律典籍中记载有许多种类繁多、残忍的刑罚方法就是所谓"以刑去刑"的明证。在刑法学界，尽管报复主义、重刑主义思想已经受到批判，但"重罪重判""有罪必罚"的罪刑相适应原则充斥于各种刑法学教材中，重刑主义作为一种思维定式，依然潜存于刑事政策的决策中，更有人笃信"刑乱国用重典"的古代用刑之道。而非刑罚化则被斥之为"现代资产阶级国家的一种流行的刑法理论"，[2]相当长的时期成为刑法学研究的空白点。在立法上，《刑法》第37条虽然规定了训诫、责令具结悔过、赔礼道歉、赔偿损失、主管部门的行政处分等非刑罚处理方法，但第2条开宗明义地规定，刑法的任务就是"用刑罚同一切犯罪行为作斗争"，无异于限制了非刑罚措施的适用。在司法实践中，刑罚被上升为维护统治的工具与武器，执法者奢望以刑罚的威吓功能达到预防犯罪的目的。特别是近年

---

[1] 康树华：《青少年法学》，北京大学出版社1986年版，第182页。
[2] 高格、孙占茂主编：《刑事法学词典》，吉林大学出版社1987年版，第115页。

来，人们在为社会治安恶化、犯罪率的上升而焦虑不安的时候，往往大声疾呼要求对犯罪分子采取更严厉的惩罚措施，立法与执法部门为满足"疾恶如仇"的社会舆论需要，使重刑依然是刑罚适用的价值取向。尽管我们不应不顾国情亦步亦趋地完全照搬外国的各种非刑罚化措施，但也不应陶醉于"中国特色"的刑罚体系而对非刑罚化盲目排拒，那些"过高地估计刑罚的作用，实质上是把刑罚目的理想化"[1]的人们，在"从重从快"一段时间后，在犯罪率依然故我甚至重大犯罪愈演愈烈的情况下，是否可以反躬自责：这种"以怨报怨"式的刑罚制度是不是对付犯罪的好方法？这种局面跟我们现行趋重化的刑罚制度有无联系？当我们考虑追究犯罪分子的刑事责任时，有没有想到或许采取非刑罚化方法更加有效？当我们每年为监禁犯人付出巨大经济代价的时候，有没有想到或许非刑罚化的处理方法更加经济？

综观我国现阶段的"非刑罚化"论，我们可以发现一个值得反思的问题。即"非刑罚化"论者思维的单轨性。刑罚的轻缓与宽和确实是当今世界刑法改革的大潮流，但是具体来看，现实需要也表现出"轻轻重重"的趋势，即对严重犯罪特别是暴力犯罪、有组织犯罪、毒品犯罪、恐怖主义犯罪等采取较严厉的刑罚予以处罚，而对较轻微的犯罪和一些中等程度的犯罪则采取了宽缓的刑罚或者非刑罚的方法予以处罚。而"非刑罚化"论者则只看到了问题的一面，以单轨的思维出发，单方面地要求我国刑法顺应世界潮流进行非刑罚化，而没有看到问题的另一面，失之片面。

(二)"刑罚化论"及其检视

刑罚化论者主张，要有效地遏制和预防犯罪，就必须严刑峻法，对犯罪尽最大可能地适用刑罚甚至重刑。20世纪80年代起我国实行的"严打"就是刑罚化论的一个现实体现。

我国刑罚化论有以下依据。首先，刑罚以及刑事政策的状态，从根本

---

[1] 储槐植："认识犯罪规律，促进刑法思想现实化——对犯罪和刑罚的再思考"，载《北京大学学报（哲学社会科学版）》1988年第3期。

来说取决于当时当地的犯罪态势。而处在社会转型中的中国社会必然滋生大量的犯罪，改革开放以来，治安形势持续严峻。因此，严重的犯罪态势必然呼唤严厉的刑罚与刑事政策，所以我国当前必须扩大对付犯罪的最强手段——刑罚的控制范围和控制力度，以确保社会的安定。其次，作为一个向法治国家目标迈进并有深厚的人文背景和政治背景的国家来说，法治经验的相对不足决定了我们还并不完全善于运用法律来遏制和预防犯罪。很多情况下常把犯罪行为从具体的社会条件中抽象出来并进行绝对化处理，认为相同的犯罪行为在任何时候、任何条件下都应受到相同的惩罚。甚至"把法律条文的含义和量刑的幅度硬往有利于罪犯而不利于人民的方面去解释"，[1]产生了对严重刑事犯罪活动打击不力的现象，导致刑事犯罪活动越来越猖狂，影响了社会稳定和经济建设的顺利进行。所以，为了克服这一弱点并遏制和预防犯罪，我们就不得不采取一些强化刑罚力度的手段，通过严厉的打击来实现我们的目的。最后，认为我国的刑罚应该向轻缓的方向转变，应该确立一个轻刑化的社会主义刑法这样的观点是不正确的，是脱离中国实际的。

　　对于刑罚化论，我们应该看出，它是建立在对刑罚化曲解之上的理论。关于刑罚化的内涵，前文已经进行了解析。而刑罚化论者们所提出的理论是和刑罚化的本质背道而驰的。首先，它破坏了整个犯罪控制体系，并导致了刑罚功能的缺失。是否适用刑罚以及刑罚的轻重是根据违法或者犯罪行为的社会危害性以及违法者或者犯罪者的人身危险性来确定。社会危害性或人身危险性不够犯罪标准的，就不适用刑罚；达到犯罪标准的就应做到重罪重罚、轻罪轻罚，实现罪与刑的适应。总的来说，刑罚论者片面强调扩大刑罚的控制范围和提高刑罚的控制幅度以实现保护社会、控制犯罪的目的。因此，刑罚化论必然造成整个社会的犯罪控制体系的破坏，并导致了刑罚功能的缺失，这会带来一系列不利后果：①会削弱人们对刑罚的尊重感。社会认同感是刑罚有效实施的社会基础。当刑罚适当得到适

---

[1] 谢安山、严励主编：《综合治理社会治安工作手册》，吉林人民出版社1986年版，第299页。

用时，它可以有充分的社会认同，因而可以得到有效的实施；而当刑罚在广度和力度上被滥用时，它的负效应会逐渐吞噬社会对它的认同，缺乏这些认同就等于缺乏有效实施的社会基础，那么有效的实施刑罚就比较困难了。②会导致刑罚功能的贬值。刑罚具有惩罚与威胁两大功能。对于已然发生的犯罪，惩罚具有报应性质，适度的刑罚会使犯罪人产生痛苦与后悔心理，使他感到是自己罪有应得。相应的刑罚，"反映了这样一种受人尊重的判断：即被惩罚的行为是错的，而人们在形成自己对正确与错误的判断时，应该考虑这一判断"。因此，将受惩罚者视为犯错误者，这对于惩罚观念是决定性的。而滥用的刑罚，则不会激发这种错误认识，反而会觉得刑罚对他是不公平的，这样，在犯罪人或违法者心理上产生的不是后悔和痛苦，而是对刑罚制度和社会的仇恨，与社会的对抗心理反而会因此而加强。为了补偿滥用之刑所造成的失衡心理，他们常常会再度实施犯罪，导致恶性循环。③刑罚化论导致疏于对其他法律、制度的建设和完善，使社会治安综合治理难以被全面落实。现代犯罪学的研究成果表明，犯罪是一种极复杂的社会现象，是社会诸种病症及犯罪者个人因素综合作用的结果。因此，预防犯罪的手段不可能是单一的，对由社会原因引起的犯罪，理应通过对社会相关制度的完善去堵塞漏洞。动辄施诸刑罚，是社会推卸责任的某种表现，也是不尊重人的基本权利的体现。而且把遏制和预防犯罪都寄托于刑罚，在对刑罚造成了上述不良后果的同时，也会导致我们忽视了对其他可以遏制和控制犯罪的法律、制度的建设和完善。

其次，法治经验的不足并不能成为刑罚化论者滥用刑罚的借口。现阶段的中国确实存在法治经验不足的问题，但是经验从何而来呢？马克思主义认为，经验是通过实践—总结—再实践—再总结而得到的，如果像刑罚化论者们那样为了追求暂时的预防犯罪的效果而逃避国家法治建设，那么没有了法治的实践何来法治的经验呢？只有勇于实践才能尽早摆脱我国法治经验的不足，完成法治国家的建设。

最后，刑罚化论对刑罚轻缓化的诟病从根本上来说还是根植于我国重刑主义的传统，谓"治乱世用重典"。孟德斯鸠说过："在刑罚多少偏于残酷的国家，并不使人因此而更服从于法律。在刑罚较轻的国家，人们惧怕刑罚，也不下于刑罚残暴恶毒的国家。八天监禁，或轻微罚款，对于一个生长在温和国家的欧洲人，其刺激的程度不下于割下一条手臂对于一个亚洲人的威吓。某一程度的恨，联系在某一程度的刑罚上，而各人按自己的方式，分别程度之轻重。一个法国人受了某种惩罚，声名扫地，懊丧欲绝；同样的惩罚，施之于土耳其，恐怕连一刻钟的睡眠都不会使他失去。"[1]在刑罚进步的历史滚滚洪流中，难道我们就愿意做刑罚残酷而无效的国家吗？

二、中国非刑罚化与刑罚化的模式选择

(一) 中国非刑罚化与刑罚化的基础

1. 中国的社会文化与刑罚传统

刑罚演进的根本原因固然是一个社会的经济因素，但是在不同历史时期，在很多经济程度相当的国家中，他们各自的刑罚却有比较大的差别。这说明，在经济因素的根本而宏观的决定基础上，不同国家的不同社会文化对于当时当地的刑罚有很重要的影响，刑罚与社会文化存在深刻的联系。因此，对于中国来说，只有了解我国社会文化与刑罚的联系，才能在此基础上为非刑罚化与刑罚化的中国模式选择奠定一个坚实的基础。

文化传统作为一种集体的精神指向，一旦形成并被人们普遍接受，便具有顽强的延续性和久远的影响力。在思维上，强调整体性、和谐性是中国文化的传统。从先秦诸子的天人之辩，到汉代董仲舒的"天人合一"命题的提出，再到宋明理学家"万物一体"论的形成，整体观之，整体性、和谐性像一根红丝一样贯穿于中国古代思想的全过程，并沉淀为中国文化的价值取向，成为国家在价值判断上的一种价值选择传统。在这种情况下，在中国历史上，个人不是作为个体的自然人而存在的，而是某一社会团体的组成部分之一。法律的社会功能不是从确认和维护个体的权利出发，而是从维护社会的整体利益和秩序出发来考虑个人的地位、责任、权

---

[1] [法]孟德斯鸠：《波斯人信札》，罗大冈译，人民文学出版社2018年版，第140~141页。

利与义务。法律的价值主要在于实现社会的安定与和谐。在这样的文化之下，首先，中国传统刑罚将维持社会秩序视为首要价值，并上升到"天人合一"的哲学境界。内化为中国传统刑法文化灵魂的儒家正统思想强化了刑罚对秩序追求和对尊重统治阶层的价值取向，树立权力中心观，并通过义务本位来实现。其次，中国古代刑罚的精神品格在于刑杀和威胁，奉行以刑去刑和追求无讼的社会价值观。韩非关于"行刑，重其轻者，轻者不至，重者不来，故无刑"等刑法哲学思想已被汉以后以儒家学说为宗的封建法律思想所吸收，成为统治阶级治理国家的理论基础。

中国传统文化作用下的中国古代刑罚完全是刑罚化的，因为刑法包容了行政和民事方面的条款，国家对行政、民事和商事纠纷往往运用刑事惩罚手段来解决。由于这一制度偏好，中国古代刑法文化相当发达，而民法、商法在刑法强大的渗透力、包容力的作用下失去了发展的机会和空间。不言自明，这样文化下的刑罚传统在今天的中国是必须被扬弃的。刑罚可以通过立法被扬弃，但是刑罚背后的社会文化传统是无法这样简单的被改变。文化的改变是一个漫长的潜移默化的过程，但改变是必须进行的。这样，我们的刑罚就有了一个更艰巨的任务——改变中国的刑法文化。怎样才能实现呢？社会的文化对于刑罚的面貌有重要的影响，反之，刑罚的改变与改革同样也可以反作用于社会文化，对社会文化产生重要的影响。刑罚有了这样一个新任务，对于非刑罚化与刑罚化的模式选择问题也就有了一条明确之路。

2. 我国犯罪控制体系的现状与需要

在我国的犯罪控制体系中，特别是刑罚体系中存在一定的弊端。首先，在刑罚和非刑罚的措施之间，刑罚占据绝对的主要位置，非刑罚的措施只占很小的部分。综观我国的刑法，涉及非刑罚措施适用的只有两种情况，第一种是针对未成年犯罪者，《刑法》第17条第5款规定："因不满十六周岁不予刑事处罚的，责令其父母或者监护人加以管教；在必要的时候，依法进行专门矫治教育。"第二种为《刑法》第37条的规定："对于犯罪情节轻微不需要判处刑罚的，可以免予刑事处罚，但是可以根据案件的不同情况，予以训诫或者责令具结悔过、赔礼道歉、赔偿损失，或者由主管部门予以行政处罚或者行政处分。"由此可见，在立法层面上，我国的非刑罚措施不够科学。对于未成年犯罪者的非刑罚措施规定过于笼统与模糊，尤其是"必要的时候，依法进行专门矫治教育"这句话。作为法律必须要有明确的标准和现实的可操作性，而这里所指的"必要的时候"的标准是什么呢？哪些情况下可以达到必要这个程度呢，在法条上没有明确。《刑法》第37条的规定也过于模糊，缺乏可操作性。在司法实践中，我国的非刑罚措施的适用面过于狭窄。虽然刑法上已经有了关于非刑罚措施的规定，但是由于维护社会治安的压力及传统的有罪必有罚观念的影响，这些非刑罚的措施在司法实践中很少被适用。这样，一方面造成了刑法立法资源的浪费，另一方面也使我们的非刑罚措施变成了一个空置的门面。

其次，我国的刑罚有重刑的倾向。①在刑罚结构上，我国刑罚种类单一并整体趋重。受传统刑法文化的影响，我国现行主刑仍为五种，在这五种主刑中，有四种（拘役、有期徒刑、无期徒刑和死刑）是监禁刑，有两种（无期徒刑和死刑）是绝对重刑，一种（有期徒刑）是相对重刑，在司法实践对有期徒刑的适用中，较长刑期多被选择。刑种的单调也是我国刑罚存在的问题之一。理论界在谈到我国刑罚的优劣以及改革时，往往只是在现存刑种的框架内进行讨论，而没有发散视野，在更大的范围内谈刑罚的完善问题，对刑种的探讨不足。我国刑罚的五种主刑和三种附加刑的模式在计划经济时代的犯罪结构不复杂、犯罪种类不多、犯罪数量不大且比较封闭的情况下是可以刑尽其用、刑足其用的。但是近年来随着我国社会由封闭式向开放式的变革，在犯罪上已经出现了犯罪结构复杂、犯罪种类丰富、犯罪数量增大的趋势，而且这个趋势还会在很长一段时间内会持续下去。面对犯罪的发展趋势，现在的刑种就显得刑不足其用了，这几种刑罚远不足以应付种类复杂和数量庞大的犯罪。还有，我国刑罚对于单位犯罪也只规定了罚金刑这样一个附加刑，略显单薄。所以，这样的刑罚不是一个科学的刑罚化的刑罚。②在刑罚的控制范围上，我国刑罚的控制范围不够科学。一些应该被纳入刑罚调整范围的对象没有被纳入进来，而一些应该逐渐被剥离刑罚调整范围的对象仍没有被剥离。综上，目前我国的犯罪控制体系，从非刑罚的和刑罚的措施方面来看，都存在一定的不足，需要加以改进，这正是我们考虑非刑罚化与刑罚化中国模式选择的依据和基础。

（二）非刑罚化为主，刑罚化为辅模式

通过上述对"非刑罚化论"和"刑罚化论"的反思以及对作为非刑罚化与刑罚化中国模式选择基础的社会文化、犯罪控制体系进行分析，笔者将非刑罚化与刑罚化中国模式选择定位为以非刑罚化为主，刑罚化为辅的模式。

1. 非刑罚化为主，刑罚化为辅的内涵

所谓以非刑罚化为主，刑罚化为辅，是指我国刑罚首先应当将非刑罚化作为改革的主要任务，大力倡导并实践非刑罚化。在此基础上，为了完善我国刑罚及犯罪控制体系，进行适度的刑罚化变革。

（1）非刑罚化为主，刑罚化为辅要求我国刑法应当将非刑罚化作为改革的主要任务，大力倡导并实践非刑罚化。非刑罚化是当代刑法改革的主题之一，而中国正是一个逐步与国际刑法潮流接轨并迈向刑法现代化与科学化的国家，刑法前进的洪流与我国刑法的实际以及国家—社会二元社会的逐步建立都决定了我们必须进行非刑罚化的改革。非刑罚化就是要实现刑法的民法化。所谓刑法的民法化是指：其一，随着社会文明的发展和进步，刑法的宽容度——对市民危害国家、社会的行为的容忍度也会逐渐提高，属于政治国家由刑法调整的领域也可能转由民法调整。黑格尔曾指出："文化的进步，对犯罪的看法也会变得比较缓和。"[1]菲利曾经呼吁把那些不是蓄意对个人和社会造成危害，行为人也不是危险的偶犯或"假罪犯"，即将正常人仅仅因为过失或轻率而为的危害结果轻微的重罪、轻罪和违法行为从刑法典中删除，而将它们只当作民事违法行为处理。[2]其

---

[1] [德]黑格尔：《法哲学原理》，范扬、张企泰译，商务印书馆2011年版，第99页。
[2] [意]恩里科·菲利：《犯罪社会学》，郭建安译，中国人民公安大学出版社1990年版，第112页。

二，民法在防治犯罪中的作用和地位逐渐提升。随着民法的健全，越来越多的社会矛盾、纠纷被阻挡于民事法的范围之内，避免了向刑法堤坝的冲击。许多民事措施有意识地被用于同犯罪作斗争。纵观刑法的发展历程，我们不难发现，与犯罪作斗争的手段经历了从一元向多元过渡和发展的过程，从最初单纯依靠刑罚过渡到刑罚、行政、民事等多种手段综合运用。王利明教授曾经指出："刑法只有在侵权法的配合下才能有效地调整社会关系。"[1]而德国学者拉德布鲁赫更预言："刑法发展的极为遥远的目标……是没有刑罚的刑法典。"[2]

(2) 非刑罚化为主，刑罚化为辅要求进行适度的刑罚化变革。如果说非刑罚化立足于本国，更重要的是借鉴和顺应当今世界刑罚的发展趋势的话，那么刑罚化则可以说是源于本国的。如果说非刑罚化是站在一个宏观的角度来审视我国刑罚的话，那么刑罚化则是比较微观地站在我国刑罚现实的立场上对刑罚的一种关照。前文已经作过论述，因为我国犯罪控制体系和刑罚的不够科学以及新兴犯罪的不断出现决定了我国必须进行刑罚化的改革，但是刑罚的恶性决定了刑罚化的改革必须是谨慎而适度的，它的目标是刑罚的科学而不是刑罚盲目的趋广趋重。因此，笔者将其定位在辅的位置。

2. 非刑罚化为主，刑罚化为辅模式的合理性

非刑罚化为主，刑罚化为辅模式的合理性在哪里呢？让我们对此模式的价值取向进行分析以彰显其合理性。非刑罚化为主，刑罚化为辅模式蕴涵哪些价值呢？

(1) 体现着效益原则。人类社会一直面临资源稀缺性与人类需要扩张性之间的矛盾。资源的有限性制约人们不可能无限地依靠增加资源来增产。人类在长期的求索中找到了市场经济这种可以优化利用和配置资源，即能用最小的投入获得最大的经济效益的最有效的经济体制。经济基础的

---

[1] 参见王利明：《侵权行为法归责原则研究》，中国政法大学出版社1992年版，第7~8页。
[2] [德]拉德布鲁赫：《法学导论》，米健、朱林译，中国大百科全书出版社1997年版，第95页。

最终决定性使市场经济内含的效益价值成为各个领域中的价值目标。这样，效益价值目标必然被导入于刑罚从产品经济的上层建筑向市场经济的上层建筑的转轨过程中并指导这种转轨。刑罚的效益价值是指在刑罚运作过程中，以最少的刑罚资源最大限度地产生刑罚效果的整体效应。而非刑罚化与刑罚化模式则正是刑罚以及整个社会的犯罪控制体系追求并实现效益的价值目标。

在犯罪控制体系中，刑罚资源是昂贵而有限的，而其他社会资源则是广泛而节俭的。非刑罚化为主，刑罚化为辅模式可以通过以广泛而节俭的社会资源替代昂贵而有限的刑罚资源来实现控制和预防犯罪的目的，起码在方法上这种模式已经产生了效益。而且世界范围内数十年的刑法改革实践也已经证明，非刑罚的犯罪控制与预防方法所取得的效果是正面而明显的。同时，对于必须适用刑罚资源才能得到控制的违法犯罪行为，非刑罚化为主、刑罚化为辅模式也提供了科学适用刑罚控制和预防犯罪的方式，在不得不适用刑罚的前提下尽力实现刑罚的效益，而不是一味而盲目地适用刑罚，适用重刑。目前，在我国对轻刑化的呼声越来越高，并且认为轻刑化是社会民主的保障，是刑法科学化的前提和基础，是我国刑罚改革的价值取向。笔者认为，在我国重刑化较明显的情况下，轻刑化是必要的，轻刑化是实现刑罚效益的有效途径。非刑罚化为主，刑罚化为辅模式要求是对刑罚资源的慎用和效用，而"轻刑化"要求的是对重刑资源的慎用。是否启动刑罚以及刑罚的效用是两者的最大差别，也正是我们可以思考和选择之处。"轻刑化"虽然也在一定程度上符合刑罚的属性，但是似乎并不彻底，而且如果能以非刑罚的抗制方法来解决犯罪和矫正犯罪人，那么还启动刑罚，即便是比较轻的刑罚，仍会出现一种双重的浪费：可以用非刑罚的方法却启动了刑罚，此乃刑罚资源的浪费；同时应该由刑罚来抗制的犯罪和犯罪人却无法得到刑罚的适用，这样就会导致对于罪行控制的真空或刑罚的扩张和滥用，又造成刑罚资源的浪费。如此一进一出的浪费，我们为什么还要选择刑罚呢？

（2）彰显自由、确保秩序。自由、秩序是人类社会千古萦绕的问题，人类社会的发展历史可以说是个人自由与社会秩序不断对立与统一的协调过程。法律作为人类调控社会的主要手段之一，自然要以调整两者间关系作为其主要任务，而刑法作为其中最具惩罚性同时又最具维护性的"成员"，更应谨慎地对待两者关系。自由与秩序都是人类必不可少的追求，于是如何在两者的对立中寻求出一条统一的路径成为问题的关键。国内有学者精辟指出，"刑罚圈界定的合理化问题，它蕴涵国家对社会大众权利和自由的关怀程度"，[1]非刑罚化为主，刑罚化为辅这一模式也在刑罚圈的层面上为了实现自由与秩序的统一而探索，并以其内涵与要求在一定程度上实现了两者的统一与共生。

首先，非刑罚化为主，刑罚化为辅模式选择个人自由、权利作为主导。此类模式下的刑事立法与司法，关注对个人自由、权利的全面保护，注重对社会生活的适度干预，合理界定刑罚圈的大小。具体表现为：①刑罚适用的最后手段性，即刑法是国家防卫的最后一道防线，它不可提前介入社会生活，只有在民法、经济法、行政法不足以控制犯罪的情况下，才能发挥其抗制作用。②刑罚适用的人道性、预防性与改造性，即在刑罚的适用中应强调理性人的最基本权利，如生存权、发展权、自由权等，同时在刑罚的社会效果上，应以一般预防为原则，特殊预防为例外，对罪犯的改造应以保证其以健全人、理智人状态复归社会为基本理念。③刑罚适用的最低限度性，刑法涉足社会生活越深、越广，就意味着公民所拥有的权利、自由也就愈狭小，其中也就愈隐藏更大的侵犯人权的危险，国外有学者将这类现象称为"刑法上的通货膨胀"。因此，刑法只能限于调整公共关系，而且是最低限度的公共关系，如国家安全、社会公共秩序等，而在私人领域内的各类关系，除非涉及社会公共利益，不然刑法只能作为消极、中立的旁观者，"任由"私法（主要是指民法）调整。由此可见，个人本位的犯罪化模式其实质是强调个人自由、权利维护的优先权，通过权利的维护来制衡权力的使用，从而促进秩序与自由两者的和谐统一。

---

[1] 游伟、谢锡美："犯罪化原则与我国的'严打'政策"，载《法律科学（西北政法学院学报）》2003年第1期。

其次，非刑罚化为主，刑罚化为辅模式确保秩序的实现。刑法作为社会秩序防卫和个人自由维护的最后一道屏障，必有其强大的生存土壤。如果因为调控的最后手段性就要削弱刑法功能，这无异于在削弱个人运用刑法这最后一道屏障进行救济的权利。而且其他调控手段（特别是民法），由于其调控机制的非强制性、合意性，以及各国尤其是广大发展中国家私法发展水平的相对滞后，很难有效维护被害人的合法权利。非刑罚化为主，刑罚化为辅模式要求刑罚在必要的前提下，根据实际需要遵循刑法的基本原则进行必要的扩张以抗制严重而恶劣的犯罪，以其最后的屏障功能来保证其他社会调控手段的有效施行，有效保护社会个体的权利，以此达到保护社会秩序的目的，实现刑罚保护秩序的价值。我国政府于近年来分别签署了《经济、社会、文化权利国际公约》和《公民权利和政治权利国际公约》，尽管两公约本身不直接属于国内刑法规范，但以保障人权为使命的刑法与公约存在实质的竞合。〔1〕由此可见，刑法的人文主义改革已成为不可阻挡的发展趋势。正如拉德布鲁赫所说："刑法不仅要面对犯罪人保护国家，也要面对国家保护犯罪人；不单要面对犯罪人，也要面对检察官保护市民，成为公民反对司法专横和错误的大宪章。"〔2〕我们期待非刑罚化为主，刑罚化为辅模式可以为我国建立人文主义刑法典作出一定的贡献。

（三）非刑罚化为主，刑罚化为辅模式的实现

1. 非刑罚化的实现方式

我国已有的非刑罚方式包括：①赔偿经济损失。即人民法院根据犯罪分子对被害人所造成的经济损失的实际情况，在对犯罪分子判处刑罚的同时，判处其赔偿被害人一定的经济损失，这是刑事附带民事的强制处分。一般而言，适用赔偿经济损失的非刑罚处罚措施必须具备两个基本条件：

---

〔1〕 苏惠渔、孙万怀："刑法的意义与国家刑权力的调整——对人权两《公约》的刑法评释"，载法苑精萃编委会编：《中国刑法学精萃》（2001年卷），机械工业出版社2002年版。

〔2〕 ［德］拉德布鲁赫：《法学导论》，米健、朱林译，中国大百科全书出版社1997年版，第32页。

一是被害人的经济损失必须是由犯罪分子的侵害行为造成的,即犯罪行为同被害人的经济损失之间存在刑法上的因果关系。二是适用的对象必须是人民法院依法确认构成犯罪的犯罪分子。当然,未成年人犯罪的赔偿责任,一般应当由未成年被告人的监护人承担。未成年被告人有个人财产的,应当由本人承担赔偿责任,不足部分由监护人予以赔偿,但单位担任监护人的除外。②训诫。对于免予刑事处分的犯罪分子,人民法院可以根据犯罪人的具体情况当庭公开予以谴责,并进行帮助教育。③具结悔过。对于情节轻微、免予刑事处分的犯罪分子,人民法院依法责令其承认错误,并以书面方式保证悔改。④赔礼道歉。对于情节轻微、免予刑事处分的犯罪分子,人民法院可以依法责令被告人向被害人承认错误,并表示歉意。⑤赔偿损失。人民法院可以责令情节轻微、免予刑事处分的犯罪分子向被害人赔偿其犯罪行为所造成的损失。⑥建议予以行政处分。对于某些轻微的违法犯罪分子,人民法院在宣布免予刑事处分时,可以不直接给予非刑罚的处分,而是向犯罪分子所在的单位或其他主管部门提出给予其行政处分的司法建议,由有关单位或主管部门作出警告、记过、降职等行政处分。

虽然我国刑法对非刑罚的处罚方式已经有了一些规定,但是这些规定是比较粗略和笼统的。而且在现实中非刑罚的方式也比较少被适用。所以笔者认为非刑罚化的实现还需要进行比较系统的探讨。

非刑罚化的实现应注意以下几个问题:

(1) 罪刑均衡问题。罪刑均衡是刑法的基本原则之一,它要求刑罚的轻重应当与犯罪人所触犯的罪行和承担的刑事责任相适应。刑罚的任何改革是不能超越罪刑均衡原则的。相应地,在我国刑罚"非刑罚化"的过程中也必须遵循罪刑均衡原则。轻罪固然不能重判,不能适用较重的刑罚,同样,重罪也不可以轻判,重罪也不可以适用较轻的刑罚。把刑罚"非刑罚化"到一个什么样的程度才符合罪刑均衡原则呢,也就是说如何掌握这个度呢?笔者认为要遵循最大可能性原则和首要选择原则。最大可能性原则指如果对犯罪人适用非刑罚的制裁方法就可以最大可能地抑制某种犯罪行为、预防犯罪、保护合法权益时,那么就不要采用刑罚的制裁方法。首要选择原则是指对犯罪人选择制裁方法时,应该首先考虑非刑罚的措施,在非刑罚措施不适用时进而考虑刑罚的制裁方式。最大可能性和首要选择从正反两个方面调整了"非刑罚化"的度的问题,既通畅了改革,又遵循了罪刑均衡原则。

(2)关于非刑罚化措施的问题。从上可知,"非刑罚化"来源于刑法的谦抑性以及目的刑和教育刑等刑法思想,从更广的范围来说是基于刑罚人道、保护"人权"等思想,其目的是回避或缓和刑罚的严厉性。所以在选择非刑罚化的措施时我们必须注意用来替代刑罚的非刑罚化措施的严厉程度必须轻于刑罚,否则就与非刑罚的理念不符,成了"'挂羊头卖狗肉'式的骗人把戏"。[1]这样的把戏不是没有先例可循,日本《少年法》中即规定了将对少年的保护处分或保安处分作为刑罚的替代措施,但是该处分在实质上却比刑罚更加严厉,有悖于"非刑罚化"的理念,因而为很多学者所批判。我们在进行"非刑罚化"的改革时同样要注意这个问题,要做到名副其实。

"非刑罚化"的具体实施途径主要有以下几个方面:

(1)缓刑。缓刑的出现起于短期自由刑的弊端。在长期的适用中,短期自由刑被发现流弊甚多,往往难以起到改造罪犯的效果。而缓刑则在一定程度上有效地克服了短期自由刑的诸多弊病,为各国所采用。虽然各国在缓刑的种类、缓刑的条件和撤销缓刑的宽严方面颇有差异,但缓刑的适用都有逐渐扩大的趋势。德国、日本等国缓刑使用率已达到60%左右。我国已经建立了缓刑制度,当前的重点就是要逐渐扩大缓刑的适用,以期达到缓刑的最大效益。

(2)金钱赔偿、担保、软禁、向受害人道歉、社区服务、具结悔过、周末监禁、公开训斥等措施都是各国比较常用的非刑罚处理方法,同时又是短期自由刑的科学替代措施。随着我国经济社会的发展和刑法观念的转

---

[1] [日]大谷实:《刑事政策学》,黎宏译,法律出版社2000年版,第107页。

变,这些国际上比较通用的非刑罚方法都为我国提供了借鉴。

(3)保安处分。从目前各国保安处分的种类来看,有些也不免带有刑罚的性质。但总的来看,保安处分冲淡了刑罚观念,强化了处罚时的教育与改造功能。考察我国的刑罚以及刑罚周边的相关制度后,可以发现我们需要建立保安处分制度。如一些常习性的轻微犯罪,刑罚的适用一方面会带来刑罚资源的浪费,另一方面因为现实中刑罚存在负效果而不利于这些罪犯的矫正。而如果对其适用行政处罚又违背罪刑法定的原则,保安处分的建立无疑是一个比较好的解决"非刑罚化"的办法。

(4)采取起诉便宜主义。起诉便宜主义(Immunity from Prosecution),是指检察机关(检察官)对某些案件经过一定的程序,在某些特殊条件下,可以在起诉前终止案件。起诉便宜主义是对传统的有罪必诉、有罪必罚的起诉法定主义的否定。它的适用大体有两种情况:一是对犯罪情节轻微者适用,如《德国刑事诉讼法》第13条规定:罪责轻微,其行为结果无关紧要之微罪事件,可不予追诉;二是犯罪情节未必轻,但因为被告主观恶性较小,暂时不起诉,如在一定期间内不犯新罪,则不再起诉,反之,则前罪和新罪合并起诉,此谓暂缓起诉。纵观现代各国,起诉便宜主义或明载于法典,或运用于司法实务,虽然其范围各国有所不同,但都终止了追究刑事责任的程序,不失为一条通往非刑罚化的重要途径。

(5)善时制度。非刑罚化的另一种可能性就是在执行刑罚过程中有条件或无条件地缩短执行刑期,前者如假释、保释,后者如善时制度(Good-time System)。善时制度乃对在监行期良善之受刑人,予以缩短其刑期之制度。这同样是在教育刑思想的指导下形成的现代刑罚制度,即如果罪犯确实获得矫正、有悔改表现时,就应不再让其身陷囹圄,而应让其早日重返社会。基于这些考虑,各国均有假释、保释等制度,以激励服刑者早日悔过自新。免除的余刑可以说是采取的是非刑罚化措施。

2. 刑罚化的实现方式

(1)丰富刑罚的质。我国1997年《刑法》规定了死刑、无期徒刑、有期徒刑、管制、拘役等五种主刑和罚金、没收财产、剥夺政治权利等三种附加刑。虽然和1979年《刑法》比较有了较大的进步，但是随着时代的发展仍然显现出一些不合理的地方，问题之一是刑种比较封闭而单一。因此，我国刑罚迫切需要由以自由刑与死刑为核心的刑罚逐渐向以社区矫正刑与自由刑共同主导的刑罚转化。其目的很简单，面对日益复杂化和多样化的犯罪，我们必须相应的采用系统全面和开放的刑罚武器。同时，对于因社会转型，旧的秩序被打破而新的秩序尚无法立即建立而激发的一些严重犯罪，以及因为国际交流日益增加和国际政治经济形势的发展所带来的严重犯罪，刑罚化要求我们的刑罚在引入轻刑，如社区矫正等刑罚的同时，必须保持一定的严厉程度，对于社会危害性和罪犯人身危险性较大的犯罪，必须适用严厉的刑罚予以处治。这里涉及一个重刑方式的选择问题，面对这些严重的犯罪，我们是更倾向于采取死刑还是自由刑？在当前的刑事司法实践中，死刑被大量的适用，而死刑是重刑主义时代的标准刑罚。它一方面招致西方国家对我国刑罚重刑主义的揣测与非议，也给了西方国家责难中国的借口；另一方面，由于死刑是对犯罪人人身的消灭，完全剥夺了其重新改过的机会，也使我们很多矫正机构的资源无法得到发挥。因此死刑的大量适用是弊大于利的。面对严峻的治安形势，死刑必不可少，但是死刑的滥用却是不必要的。笔者认为在重刑方式的选择上，我们似乎更应该倾向于对自由刑的适用，慎用或少用死刑。

（2）丰富刑罚的量。第一，刑法将刑法之外过于严厉的犯罪控制手段吸收进刑罚中来，对于我国来说即为劳动教养制度的改革问题。2011年1月8日我国正式宣布废除劳动教养制度，被认为是我国法治的巨大进步。一方面，取消劳动教养而加强行政处罚措施的严密性，有利于保持对轻微违法行为的社会控制；另一方面，把劳动教养中过于严厉的和近于刑罚的措施刑罚化，既消除了劳动教养对《国际人权公约》的违背，又实现了劳动教养和刑罚的统一与协调。这就是劳动教养的"刑罚化"。在我国已经进入轻罪时代的当下，可以通过建立轻罪制度使刑罚与治安处罚相衔接，把轻微的犯罪行为纳入刑法的调整范围，让刑罚进入这一领域代替劳动教养，这不失为一种科学的办法。

第二，新型犯罪丰富刑罚的量。在这里不对具体个罪对刑罚量的丰富进行探讨，而把目光放在特殊类型犯罪，即单位犯罪对刑罚量的丰富上。

过去一直认为财产刑是对单位犯罪最佳的惩治办法，但是在今天看来却要重新审视。近年来，我国的单位犯罪趋势愈演愈烈：首先，单位犯罪数量大增，并且逐渐带有一定的普遍性。其次，参与单位犯罪的主体显现出参与面大、涉及面广的特点。再次，单位犯罪不同于自然人，很多单位犯罪以"合法"身份和程序来实现其犯罪目的。最后，单位犯罪的损害极其严重。我国单位犯罪涉及数额相当庞大，有的几百万元，甚至几千万元，更有甚者达到亿元以上。而且随着单位犯罪理论的深化，以往被认为是自然人犯罪所独有的一般犯罪，如杀人、盗窃等犯罪中，单位也逐渐被确认为可以成为犯罪主体。针对单位犯罪的发展趋势，刑罚如果还用单一的附加刑——罚金刑来规制，一方面是罚不当其罪，明显有违刑法罪刑相适应的基本原则；另一方面对于罚金刑来说也是力不从心，无法很好地惩罚和预防单位犯罪。而我国刑法中其他刑罚种类大都是为自然人的犯罪而设立的，对单位犯罪不是很适用。所以如何有效地惩治和预防单位犯罪以实现罪责刑相适应是摆在我们面前亟待解决的问题。既然单纯的罚金刑无法有效地惩治和预防单位犯罪，那么，我们完全有理由增加"自卫手段"，设置新的刑种，完善以单位为适用对象的刑罚体系来解决这一现实而又紧迫的问题。

关于单位犯罪刑罚种类的扩大问题，理论上存在不同的观点。一种认为对单位犯罪应该增设资格刑。即除适用罚金刑外，将禁止、限制单位权利或者剥夺、取消单位资格作为刑罚以规定，同时认为单位资格和权利是有限的，资格刑只能对这些资格进行部分剥夺。这种方案确实解决了罚金刑刑种单一和单位犯罪情况复杂这一矛盾，但问题是资格刑和罚金刑同为附加刑，没有改变对单位犯罪仅用附加刑加以规制的困境。[1]另一种观点认为应该改革目前的刑法结构，单独设立适用于单位的刑罚体系。建立一

---

[1] 胡隽："论单位犯罪刑罚体系之完善"，载《江西公安专科学校学报》2002年第4期。

个刑种多样、轻重有序、功能互补、互相衔接的具有内在合理性、逻辑性的多元单位犯罪刑罚系统。这一刑罚系统应当包括：①禁止从事特定职业和社会活动。即于一定期限内或永久性地禁止犯罪单位直接或间接从事与犯罪有关的职业或社会活动。②取缔单位组织。所谓取缔单位组织，是指永久性地消灭犯罪单位的权利能力和行为能力。③扩大没收财产刑的适用范围。④增设其他刑罚方式。可以针对单位的性质，增设几种刑罚方式作为附加刑以供选择。如对事业单位通告训诫，以威胁名誉的方法惩戒犯罪；对企业单位进行停业整顿，以威胁经济利益的方法惩戒犯罪等。[1]以上是两种关于对单位犯罪扩大刑罚适用的观点，其中孰优孰劣并不是本书所要探讨的，重要的是这两种方式作为扩大刑罚的观点都是对我国"刑罚化"的一种探索和尝试，也是通过单位犯罪实现我国刑法科学"刑罚化"的有效途径。

---

[1] 孔华、刘文义："完善我国单位犯罪刑罚制度的思考"，载《黑龙江省政法管理干部学院学报》2002年第3期。

第五章

刑事政策视阈下的刑罚轻缓化

刑罚以犯罪为前提和基础，是国家对犯罪人实行惩罚的一种强制方法。刑罚惩罚的结果不仅会使犯罪人的某种权利和利益被剥夺或者被限制，而且也是以国家的名义表明对犯罪人及犯罪行为的谴责和否定评价。[1]人类文化的进步、司法文明的提高、执法观念的人性化，促使以原始同态复仇为主的刑罚方式发生了质的变化，惩罚已不再是刑罚的唯一目的。预防犯罪为主、惩罚犯罪为辅的刑罚理念已成为当今世界立法、司法、执法的主流，同时，刑罚的方式也由野蛮走向文明。基于刑罚理论与司法实践的上述发展和演变，笔者认为刑罚轻缓化应该成为新形势下我国刑罚改革的方向。

刑罚轻缓化涉及刑罚干预社会的广度和深度，是刑罚合理化和现代化的重要内容。它不是一个概念，而是泛指一种刑事政策的实际趋向。从世界刑罚发展来看，刑罚轻缓宽和是刑罚进化的必然结果，是刑罚改革的重要趋向。在这一趋势的影响下，各国刑罚整体趋轻，对轻微犯罪采用更为轻缓的刑罚。人道主义思潮的兴起，使这一趋向更为明显。具体到中国的现实，社会主义市场经济改革发起的四十多年来，对内对外不断开放，推动了经济、文化等各领域的全面变革，也促使了国家与社会关系的深刻变化。国家的权力逐渐收缩，社会与个人的权利迅速壮大，传统国家—社会高度统一的一元结构模式正在被国家—社会二元并立的结构模式所取代。

---

[1] 王作富主编：《刑法》，中国人民大学出版社2019年版，第168页。

与此相适应,法律的功能也由过去的社会保护向人权保障方向发展,反映在刑法领域中,也要由过去过分强调保护社会、严惩犯罪向在诉讼过程中注重保护弱者及刑罚轻缓化方向转化。刑罚轻缓化不仅与世界刑法改革的趋势相一致,也是我国目前刑事立法司法迫切的要求。

一、刑罚轻缓化的内涵

(一) 刑罚轻缓化的含义

刑罚是国家最高权力机关在刑法中制定的,用以惩罚实施犯罪行为的人,由法院依法判处,特定机构执行的最严厉的强制方法。[1]用马克思的话来讲,刑罚不外乎是社会对付违反它的生存条件的行为的一种自卫手段。一个社会的运行,离不开法律规则的约束。一个行为规则紊乱的社会,必然是行为标准和规则的迷失与错位。[2]这种迷失与错位发展到一定程度必然引起社会的混乱。国家为了维护一个社会的生存条件和正常运转,就必须依赖刑罚来保障规则的有效实施,防止不法分子恣意妄为。

刑罚的"双刃性"总是在提醒人们不得不慎用刑罚,而犯罪的危害性又总是在不断刺激着人们的神经,使刑罚的扩张和滥用成为一种必然的趋势。因此,刑罚的运用始终需要理性来驾驭,需要不断地克服任性制造的多余之刑和滥用之刑。即使刑罚是有节制的,它的确定性、严酷性也比联系着一线不受处罚希望的可怕刑罚所造成的恐惧更令人印象深刻。[3]这就决定了刑法改革是刑法发展的必由之路。刑罚的轻缓化作为社会发展的一种必然要求,因而也成为刑法改革的一个方向。

刑罚的轻缓化不是一个法律概念,而是泛指一种刑事政策的实际趋向和发展趋向。它也不是单纯指对待具体犯罪规定和适用刑罚的态度,还包

---

[1] 马克昌主编:《刑罚通论》,武汉大学出版社 1999 年版,第 13 页。

[2] 孙国祥:"针对国家刑罚权的人权保护论纲",载中国人民大学刑事法律科学研究中心组织编:《现代刑事法治问题探索》(第 2 卷),法律出版社 2004 年版。

[3] [意] 贝卡里亚:《论犯罪与刑罚》,黄风译,中国大百科全书出版社 1993 年版,第 59 页。

括国家对于刑罚总投入的基本态度。[1]它倡导以尽可能轻的刑罚来惩罚和控制犯罪,体现了当前我国刑事法治建设的价值取向。[2]这里的"轻缓化",意指在刑事立法中,如果规定较轻的刑罚即可,就没有必要规定较重的刑罚;在刑事司法中,对于已经确定为犯罪的行为,如果适用较轻的刑罚即可,便没有必要适用较重的刑罚;在行刑中,注重保护犯罪人的人格尊严以及保障他们应有的权利。刑罚的轻缓化,要求国家在运用刑罚规制社会生活时,应适当控制刑罚的适用范围和严厉程度,并力求以最小的刑罚成本达到最大的社会效益,即少用或不用刑罚获取最大的社会收益,以有效地预防和控制犯罪。也就是说,如果要较好地实现刑罚的轻缓化,就必须防止立法上的刑罚过剩和司法中的刑罚过度这两种倾向。2014年12月召开的全国检察长会议,明确提出对轻微犯罪采取轻缓的刑事政策从宽处理的要求,对轻缓的刑事政策的适用产生了重要影响。

为了让讨论有一个统一的前提,有必要进一步明确刑罚轻缓化的内涵。首先,刑罚轻缓化有别于轻刑化,一般来讲,轻刑化包括非犯罪化和轻刑罚化,其外延比刑罚轻缓化更大。就目前中国的情况而言,各种犯罪面临的根本问题是怎样削减死刑,减少自由刑的适用,逐步实现刑罚轻缓化,而不是非犯罪化的问题。相反,随着市场经济的进一步发展,当务之急是对新出现的各种危害行为及时予以犯罪化。[3]而且,严密的犯罪法网也是刑罚轻缓化得以实现的前提。因此,不能把轻刑化与刑罚的轻缓化混为一谈,更不能用轻刑化去替代刑罚轻缓化。其次,刑罚轻缓化不等于一概排斥重刑的适用。对于那些可能严重危害人身安全和重大财产利益的犯罪,不适宜用刑太轻,对这些罪犯处以重刑,目的是逐步减少重刑的适用,这与刑罚轻缓化的趋势并不矛盾。再则,刑罚的轻缓化不等于一律在法定刑的最低点适用刑罚,否则相对法定刑也就失去了意义,刑罚的适用

---

[1] 张绍谦:"论我国刑罚制度改革中的观念更新",载本书编辑委员会编:《社会转型时期的刑事法理论》,法律出版社2004年版。

[2] 陈妮:"对刑罚轻缓化和社会化的思考",载《理论探索》2001年第5期。

[3] 陈兴良主编:《经济刑法学》,中国社会科学出版社1990年版,第25页。

变得千篇一律，这就与罪刑相适应原则发生了背离，即使刑罚整体趋轻，也存在罪刑相适应的问题。

此外，刑罚轻缓化不等于一味地从轻，刑罚轻缓化是历史发展的必然趋势，这并不意味着应该或可以超越时代实行刑罚的轻缓化。使犯罪人承受一定的痛苦是刑罚的内在属性，刑罚不可能过于宽容和仁慈。如果失去了必要的痛苦，刑罚就失去了存在的意义。没有了"刑罚"，又谈何"轻缓"？刑罚是特定政治、经济、文化背景下社会价值观念的产物，刑罚的轻重取决于社会的平均价值观念。[1]在某一社会条件下，人们认为具有剥夺性痛苦或痛苦程度强烈的某些措施，在另一社会条件下，则可能不被认为痛苦强烈，甚至不被认为是剥夺性痛苦；反之亦然。[2]所以，一个国家不同历史时期的刑罚体系、刑种以及各种犯罪的法定刑，都不是立法者随心所欲的创作，而是特定政治、经济、文化背景下的社会价值观念影响的产物，或者说它至少不能背离这种价值观念的基准。而社会的一般价值观念又取决于国情，如何看待和处理目前我国的国情和刑罚轻缓化的关系也就是本书要探讨的问题。

（二）刑罚轻缓化的表现形式

人类对犯罪和刑罚经过了长期的实践和思考，认识逐渐深入和理性。刑罚毕竟是对犯罪人适用的建立在剥夺性痛苦基础上的最严厉的强制措施，对社会和犯罪人来说，有其积极的意义，但也有其不可避免的消极作用。比如，刑罚的代价较大，随着社会的进步和控制手段的多样化，刑罚越来越被其他非刑罚控制手段所取代而成为最后的手段，而且国家的资源是有限的，要求我们以最小的刑罚成本来支出。另外，随着社会文明的发展，人道主义成为社会的基本价值，这就要求把刑罚给人带来的痛苦控制在人的尊严所能接受的范围内；而且社会对犯罪的发生具有不可推卸的责任，犯罪造成的危害完全由犯罪人承担是不合理的。基于上述理由而提出

---

［1］ 张明楷：《刑法格言的展开》，法律出版社2003年版，第54页。
［2］ 张明楷："新刑法与并合主义"，载《中国社会科学》2000年第1期。

的刑罚轻缓化，具体表现在立法、司法和行刑三个方面。

　　刑罚轻缓化如何体现在立法中呢？当前，社会结构不断变化，财富分配机制也有所改动，经济的发展在刺激竞争欲望的同时，也激发了一些人贪利攫财的心理，大量暴力犯罪和新类型犯罪滋生。我国历史上，自1979年《刑法》颁布以后，为有效控制犯罪，全国人大通过了一系列带有共同性的补充规定，这些单行刑法或加重了刑罚或增加了死刑条款。由此导致的刑罚互相攀比、无限加重的趋势已经不容乐观。所以，有人戏称："偷"不如"抢"、"伤害"不如"杀人"。因为盗窃和抢劫、伤害和杀人的法定最高刑都是一样的——死刑。正是因为加重刑罚使刑罚在总量上不断攀升，刑罚结构比例失调。犯罪永远是层出不穷的，而国家可以寻求的刑罚资源却是有限的，刑罚不可能直线形无限加重。解决罪与刑冲突的出路在于对刑法进行价值与结构的双重改造。但是，根据我国的国情，当前对刑罚进行结构性改革的时机尚不成熟，我们只能为刑罚轻缓化设计出一些限制性制度：①减少死刑适用面。对经济犯罪严格限制死刑的适用，保留一些犯罪如重大暴力犯罪、毒品犯罪的死刑，取消一些犯罪如非暴力财产犯罪、非利用职务的经济犯罪的死刑规定。②限制短期剥夺自由刑。在刑种和量刑幅度等方面适当地进行调整，从国情出发，同时注意借鉴世界短期自由刑改革的成果，制订系统的短期自由刑的应对方案。③扩大罚金刑。对犯罪情节轻微、社会危险性不大、不需要投入监狱的罪犯易科其他种类的刑罚，如单处罚金，以便节约国家的刑罚资源，实现更好的矫正效果。当然，刑罚轻缓化的实现不是一个简单问题，关涉罪与刑的均衡、刑与刑的比较等关键性问题，需要立法机关在恰当估计立法能力和司法能力的前提下作出选择。

　　刑罚轻缓化同样表现在司法过程中，在某种犯罪不需要判处刑罚时，应考虑免除刑罚；如适用较轻的刑罚即可，就没有必要适用较重的刑罚。理论界有过一个提法叫"司法人性化"，是指司法机关要尊重犯罪嫌疑人、被告人的人格尊严，在司法活动中体现对人性的尊重和关怀。包括对未成年人的保护，改进死刑执行方式或在判决书中不再适用有损被告人人格的话语等。过去，司法活动被看成一种专政活动，犯罪嫌疑人、被告人是专政的对象，是被彻底否定的对象，因此，他们的人格也同时被否定，致使其权利受到漠视。而如今，在民主与法治的理念之下，犯罪人虽然还是要受到法律的制裁，但他作为一个人应有的尊严是应受到法律保护的。并非一个人犯了罪，就失去了所有权利。作为一个公民，虽然有的权利被剥夺，有的权利被限制，但他仍然还享有其他一些未被剥夺和限制的权利。更为重要的是，犯罪嫌疑人、被告人作为一个人，其基本的人权、人格和尊严，是法律无法剥夺、不能剥夺而且也不应剥夺的，这正是对刑罚轻缓化理念的体现。

刑罚轻缓化还表现在行刑过程中。行刑的轻缓化，主要是指行刑的人道化和文明程度，它作为国家发动刑罚权的最后一个步骤，作为已然实现了轻缓化的制刑权、求刑权、量刑权的一个延续，主要表现在对受刑人人权保障的重视和保护上。另外，提倡大力推广和规范社区矫正，利用社会的力量矫正服刑人员，可以更好地实现刑罚保护社会和保障人权的双重目的。

随着人类社会法治文明的不断发展和人权意识的日益提高，刑罚的轻缓化已成为世界上许多国家刑事立法的基本指导思想和刑事司法的理性选择。

二、刑罚轻缓化的历史必然性

（一）中国古代文化中轻刑思想的回顾

1. 原始社会——轻刑思想的萌芽

据中国古籍记载和考古发掘实物证明，在中国原始社会末期，随着社会分裂和国家的出现，犯罪和刑罚应运而生。上古时期，人们根据五行相生相克的道理，草创五刑，[1]主张以杀惩生，以刑纠民。[2]这是社会存在

---

[1] 据周密先生在《中国刑法史》中记载：所谓五行相生，即水生木、木生火、火生土、土生金、金生水；五行相克，即水克火、火克金、金克木、木克土、土克水。相生意在相互促进、推动；相克意在相互排斥、克服。古人在此说明世界万物的起源和生灭的原因，包括罪与刑、治与乱的矛盾统一关系。

[2] 周密：《中国刑法史》，群众出版社1985年版，第45页。

决定社会意识的客观反映，也是人类社会历史发展的必然结果。但是这时候的刑罚还没有被有意识、有计划、有目的地规定到法律中，还不是阶级统治的工具。然而，尽管此时的刑罚只有词源学上的意义，但是轻刑的思想已然确实存在，而且与尚未形成阶级对立的社会条件相适应。原始社会末期的"刑罚"更注重"慎刑""轻刑"和"刑期于无刑"的思想，是我国历史上刑法的一大特点，尤其是其中的"轻刑"思想，也是现代刑事政策之刑罚轻缓化思想的最早渊源。

所谓"轻刑"，即论罪定刑，从轻处罚，如果能够从宽，则应宽缓赦免。虞舜时代，皋为士（即最高理事官），曾清晰阐释了轻刑的内容："帝德罔愆，临下以简，御众以宽。罚弗及嗣，赏延于世。宥过无大，刑故无小，罪疑惟轻，功疑惟重。"[1]也就是说，为君治民，应当遵从善良的品德天性，其对待臣民应当平易近人，对待民众，更应当宽容，罪罚不连累后代，赏赐则应惠及后人，强调对重大过失和有疑问的罪行从轻处罚。广义地讲，"慎刑"和"刑期于无刑"也属于"轻刑"思想的范畴。慎刑讲究实施刑罚应避免罪及无辜，"刑期于无刑"更是直接点明了"轻刑"的目的，也就是惩罚不是单单为了惩罚，而是为了消除犯罪，不再适用刑罚，"求民之生但是过也"。当然，"刑期于无刑"具有很强的时代局限性，只是一种不可实现的理想。但是这种"刑"的思想同之后阶级社会、西方社会里的"刑罚报应主义"或者"刑罚擅断主义"形成了鲜明的对比，是我国文化发展中的一份宝贵的财富，对四千年的历代王朝有不同程度的有益影响，也常为某些明智的统治者所遵从和信奉。

2. 奴隶社会——轻刑思想的发端

与原始社会相比，奴隶制的文明是用野蛮的残酷手段建立起来的，刑罚也不例外。进入奴隶制社会后，社会性质发生了改变，产生了阶级对立，原来人与人之间平等的关系被剥削、压迫的关系所替代。奴隶主阶级为了维护自己的统治，保护其利益，建立了监狱等一系列暴力机关，并针

---

[1]《尚书·大禹谟》。

对奴隶阶级制定了真正意义上的"刑法",其手段之残忍,种类之繁多,有的甚至到了令人发指的地步。《晋书·刑法志》明确记载道"夏刑之属三千",《韩非子·内储说上》也曾有商朝倒灰于街便要处断手之罚的记载,更不用说"炮烙之刑"的发明了。奴隶主对奴隶阶级的暴力统治可见一斑。

周朝灭商之后,为了巩固广大地区的统治,并吸取夏、商灭亡的教训,提出了一系列相对和缓的统治措施,"礼"与"刑"并用,共同维护奴隶主阶级统治。史书上记载周公摄政,罪及本人,不予株连,并对篡位谋反的蔡叔之子蔡仲予以启用。他主张"明德慎罚,不敢侮鳏寡,庸庸、祗祗、威威、显民。"[1]意思是说,以礼治民,不轻视鳏夫、寡妇、平民,尊敬有才德的人,慎用刑罚,同样可以治理百姓、统治国家,并提出刑罚是在不得已时才适用的思想。为了谋求长治久安,周初统治者继承了夏商以来的神权统治学说。并在此基础上提出了"以德配天,明德慎罚"的政治法律主张,即要求统治者首先以"德教"方法治理国家,在适用法律、实施刑罚时应该宽缓、谨慎,而不应一味用严刑峻法来迫使臣民服从。穆王时期的管仲认为,"惟刑之恤"是因为"仓廪实而知礼节,衣食足而知荣辱","故刑罚不足以畏其意,杀戮不足以服其心。故刑罚繁而意不恐,则令不行矣;杀戮众而心不服,则上位危矣。"[2]

到了百家争鸣时期,同样涌现了不少关于"轻刑""慎刑"的思想。孔子"德主刑辅"中提倡刑罚适中。孔子从其中庸哲学出发,主张"礼乐不兴,则刑罚不中;刑罚不中,则民无所措手足"。[3]断狱用刑合乎中道,要折狱公平、刑罚轻重得当,不枉不纵,不杀无辜、不诬无罪、宽严相济、一张一弛。定罪量刑准确适当,反对严刑滥罚,这种思想同样被后来的孟子、荀子发扬,成为儒家思想的核心。孟子针对封建统治者滥用刑罚

---

[1] 《尚书·康诰》。
[2] 韩春光:"中国传统的'慎刑'思想及其现代价值",载《当代法学》2002年第4期。
[3] 《论语·子路》。

的现实,提出了"省刑罚",反对连坐,主张"罪人不孥",[1]统治者只有实施仁政,慎用刑罚,才能使民心归附。荀子主张"明德慎罚""刑不过罪",特别反对"以族论罪"的酷刑。虽都只有寥寥数语,却彰显现代刑事政策提倡之谦抑思想的光辉。

3. 封建社会——轻刑思想的发展

到了封建社会时期,刑罚进一步走向轻宽。汉代六十年在"约法省刑"原则的指导下,与秦律相比,汉文帝认为,惟刑之恤,是因为"盖闻有虞氏之时,画衣冠异章服以为僇,而民弗犯,何治之治也!今法有肉刑三,而奸不止,其咎安在?非乃朕德之薄而教不明与?吾甚自愧"。他首先废除肉刑,这在中国刑罚历史上具有深远的意义。汉景帝继位后,对不完善的刑罚制度进一步进行了变革,二次诏令将文帝时的笞三百改为笞两百,又改为笞一百。还颁布了"锤令",具体规定了笞杖的规格,即长五尺,面宽一寸,末端厚为半寸,以竹板制成,加笞的部位为臀部以及行刑途中不得换人。汉初这次刑罚制度改革使中国刑罚史上存在了两千多年的肉刑制度从法律上被废除,是中国传统刑罚由野蛮走向相对文明的转折点。[2]

三国两晋南北朝时期继承了汉代刑罚制度改革的发展方向,使刑罚向体系规范化、简约化方向发展。其主要的表现就是逐渐废止宫刑、缩小族刑连坐范围、劳役刑规范化、死刑种类逐步减少和确立流刑五等之制等,从而初步形成了封建五刑。到了隋朝,隋文帝杨坚主张慎刑狱,秉公执法,对死刑采取慎重的态度,废除前世讯囚酷法。他在"以轻代重,化死为生"[3]思想的指导下进行立法,其所制定的《开皇律》在刑罚制度方面继续进行改革。首先是废除了鞭刑、枭首等酷刑,只保留斩、绞两种死刑;其次是确立了封建五刑制度:死刑法定为斩、绞二等;流刑为三等,即流一千里、流一千五百里、流二千里,分别服劳役刑二年、二年半、三年;徒刑为五等,即徒一年、徒一年半、徒二年、徒二年半、徒三年;杖

---

[1]《孟子·梁惠王下》。
[2] 宋四辈:《中国传统刑法理论与实践》,郑州大学出版社2004年版,第267页。
[3]《隋书·刑法志》。

刑为五等，即杖六十、杖七十、杖八十、杖九十、杖一百；笞刑为五等，即笞十、笞二十、笞三十、笞四十、笞五十。这样的五种二十等的封建五刑体系和制度就最终形成和确立，并被以后历代的刑法典所沿用。

到唐朝时期，慎刑的思想更是贯穿于立法和司法实践之中。《唐律疏议》开宗明义指出："德礼为政教之本，刑罚为政教之用，尤昏晓阳秋相须而成者也。"[1]深刻阐明了德礼与刑罚是本与用的关系，也就是说治理国家不能没有刑罚，但是刑罚的适用必须慎重。在这种思想指导下，唐朝不论是实体法还是程序法都体现了"以宽仁治天下，而于刑法尤慎"[2]的思想，比如，同居有罪相为隐和唐太宗的死刑"集议审定"等。就死刑制度而言，唐朝只存在斩、绞两种。明代，丘浚继承与发挥我国古代传统的明德慎罚的思想，主张慎刑狱，包括治狱必先轻宽，罪疑从轻，免不可得而后刑之，生不可得而后杀之，以及及时结案和改善犯人处遇等内容，对汉代废除肉刑倍加赞赏。在明朝《慎刑宪》中我们也能看到诸如"申冤狱之情""慎青灾之赦""存钦恤之心""戒滥纵之失"这类体现了慎刑主义思想的字句。

到了清代，康熙从"敬慎庶刑、刑期无刑"的思想出发，强调司法官吏断狱要谨慎从事，要求他们领会历代"详刑"的基本精神，人命关系重大，要求官吏慎刑慎杀，罪疑从无，实现死刑监候缓刑制度，死刑犯监候秋审，大部分得到减刑处理。可惜的是这些多是慎刑思想，较多的只是停留在理论层面上，未在制度上得到根本地实现，中国古代仍然是以"重刑主义"闻名于世。

值得一提的是清末沈家本修律，这一事件被史学家生动地描述为开启了中国法律近代化的大门。具体到刑法，它所设立的《大清新刑律》更可以说是中国刑罚轻缓化的肇始。经过仔细考察对比西方国家的法律，经过精心的规划准备，这部新刑律成为中国第一部具有近代意义的刑法典。在总则方面，沈家本删除比附、取消连坐和废除连带责任原则、改进刑名、

---

[1]《唐律疏议·斗讼》，刘俊文笺解，中华书局1996年版，第3页。
[2]《唐律疏议·斗讼》，刘俊文笺解，中华书局1996年版，第447页。

增设时效、规定了正当防卫、紧急避险、自首、假释，还有缓刑的刑罚制度；在分则方面，将旧律中通奸等部分罪名非犯罪化、减少死刑的配置；在法定刑的设置上也较以前有了大幅地减缓。虽然这部刑法典还没来得及实施，清政府便在革命的炮火声中灭亡，尽管这部体现着刑罚轻缓化思想的刑法典没有起到实质的作用，但是它却为后来国民政府刑法的制定奠定了基础，可以说这部《大清新刑律》是中国真正意义上刑罚轻缓化的开端。

中国传统刑罚虽然具有残酷性，但是细致考察便可发现，奴隶制五刑以"残人肢体、刻人肌肤"的肉刑为特征，封建五刑以剥夺行为人自由的徒、流刑和对人体造成痛苦但不致残的笞杖刑为主，《大清现行刑律》则形成了过渡性的五刑，《大清新刑律》最终确立了以财产刑、自由刑为中心的近代刑罚制度，表明中国传统刑罚在缓慢地由野蛮走向文明。今天，刑事司法界提出的刑法轻缓化也是古代慎刑思想的延续，是一种文化上的承续。《四库全书·政法类·法令之属按语》上称"刑为盛世所不能废，而亦盛世所不尚"。今天的中国经济发展迅速，综合国力和国际地位显著增强，法治建设如火如荼，更应当注重吸收古代和现代文明的精华，并将它们发扬光大。

（二）世界刑罚轻缓化发展历程追溯

刑罚在世界范围内的演变，不只是一个时间序列的问题，还是一个由低级向高级发展的历史过程。了解刑罚的演进历程，知道它的来龙去脉，才能把握它的真实面目，以建立适当的刑事政策。

1. 启蒙运动和理性主义的觉醒

众所周知，对刑事政策系统的、理性的思考是在启蒙运动以后的事情。传统的报应刑认为，犯罪是一种恶行，刑罚的意义和本质在于报应犯罪行为所造成的恶害，用刑罚所施加于犯罪人的痛苦来均衡犯罪行为的恶害，以实现社会正义的要求。该理论强调刑罚的正义性价值，即刑罚是对犯罪的公正报应。刑罚针对的是过去的犯罪行为，以犯罪人的刑事责任为基点，刑罚的轻重应当与犯罪行为的客观危害和犯罪人的主观罪责的大小相对称，恶有恶报、同态复仇等古老朴素的正义观念是该理论的基础。

14、15世纪启蒙运动爆发以后，功利刑论（也称目的刑论或预防刑论）出现。"自然法的理性思想导致人们思考刑法的意义和目的，思考适用自由刑的人道主义思想，思考刑法在区分法与宗教的世俗化，思考刑罚权通过国家契约论与法定原则的联系。"[1]孟德斯鸠、卢梭、洛克、伏尔泰等启蒙思想家均对刑罚制度的改革进行过符合现代刑事政策原则的理性思考。他们提出，无论刑罚对已发生之罪的事后报应多公正，都不可能弥补犯罪所造成的危害或恢复犯罪之前的原状，因而刑罚的报应是消极的。刑罚只有实现预防犯罪的目的才有价值。

贝卡利亚继承了洛克的社会契约论，并用来论证其废止死刑的主张。他首次发出"在一个组织优良的社会里，死刑是否真的有益和公正"的不朽诘问。除此以外，贝卡利亚在强调刑罚预防目的的同时，通过对罪刑阶梯表的设计，将刑罚的公正性和功利性统一在罪刑相对称原则的基础之上。他提出："如果刑罚超过了保护公共利益这一需要，它本质上就是不公正的。刑罚越公正，君主为臣民所保留的安全就越神圣不可侵犯，留给臣民的自由也就越多。"[2]因此，有的美国刑法学者认为贝卡利亚的刑法思想基本上属于报应主义，虽然带有比较明显的功利主义色彩，而多数美国学者认为贝卡利亚的思想虽有报应主义的色彩，但基本上属于功利主义类型。我国有的学者则认为其思想应归于报应与功利的并合刑论。

边沁是功利主义刑事政策的集大成者，他认为，刑罚的本质是痛苦的。只有当刑罚达到好的结果超过犯罪造成的恶害时，刑罚才是公正合理的。他指出："任何惩罚都是损害，所有的惩罚本身都是恶。根据功利原理，如果它应当被允许，那只是因为它有可能排除了更大的恶。"[3]根据这一功利主义的哲学思想，边沁提出了罪刑相称的思想和刑罚谦抑主义的

---

〔1〕[德]汉斯·海因里希·耶塞克：《德国刑法教科书》，徐久生译，中国法制出版社2001年版，第118页。

〔2〕[意]贝卡里亚：《论犯罪与刑罚》，黄风译，中国大百科全书出版社1993年版，第9页。

〔3〕[英]边沁：《道德与立法原理导论》，时殷弘译，商务印书馆2000年版，第216页。

思想。与贝卡利亚一样，边沁对死刑也持废止的观点。他认为，死刑虽然可以剥夺罪犯进一步犯罪的能力，符合公众"杀人偿命"的观念，形成深刻而持久的震慑效应，但是死刑具有无效、不节俭、不可分、不可撤销、产生犯罪的倾向等内在缺陷。[1]

费尔巴哈是近代刑法的奠基人，他提出了著名的"市民刑罚"概念和"心理强制论"，系统阐述了一般预防主义的功利刑。所谓市民刑罚就是市民社会对市民课以的刑罚。这个命题之所以被提出，目的就是要和从道德角度解释刑罚的"道德刑罚"划清界限。他认为在"道德刑罚"的命题下，国家处以刑罚纯以道德的报应观念为基础，而非以法律为依据，这是造成罪刑擅断横行整个中世纪的根本原因。费尔巴哈倡导罪刑法定主义，认为只有法律明文规定，才能实施具有痛苦本质的市民刑罚。

同报应刑论相比，功利刑论不再以个人为本位，从犯罪人的角度适用刑罚，而是以社会为本位，为了社会而适用刑罚，在一定程度上避免了刑罚适用过剩的趋势。总体上来讲，启蒙时期的思想家开始理性地思考刑事政策，因而开启了现代刑事司法的新纪元。但是他们的思想基本上是从唯理的、哲学空想的、历史自给自足的、形而上学的、人道主义的立场出发，确立其对付犯罪的反应方式。正如李斯特后来指出的那样，18世纪的刑事政策的一个错误就在于它的体系缺乏坚实的基础，而"如果不从犯罪的真实的、外在的表现形式和内在原因上对犯罪进行科学的研究，那么，有目的地利用刑罚充其量就是一句空话"。[2]

2. 科学实证主义的勃兴

现代刑事政策的发展以科学实证主义方法的引入为基本标志，以龙勃罗梭、菲利、加罗法洛、李斯特为代表的实证主义学派，运用自然科学方法对犯罪原因进行实证研究，认为犯罪是人和环境共同作用的结果，社会也没有理由出于报应观念惩罚犯罪人。

---

[1] 梁根林：《刑事政策：立场与范畴》，法律出版社2005年版，第137页。
[2] [德] 弗兰茨·冯·李斯特：《德国刑法教科书》，徐久生译，法律出版社2000年版，第8页。

刑事政策视阈下的犯罪理论与刑罚理论

龙勃罗梭首次运用实证主义的科学方法对犯罪原因进行犯罪人类学和犯罪病理学的考察，提出"天生犯罪人"的概念，在此基础上强调犯罪现象存在的必然性，并基于这种必然性提出了防卫和处罚的必要性，认为惩罚权应当以自然必要性和自我防卫权为基础。[1]基于上述理念，他认为对罪犯进行报应和威慑都是徒劳的，他不仅彻底地与报应主义决裂，而且完全抛弃了规范功利主义的恐吓与心理强制理论，代之以对犯罪人行为的矫治，从而使刑罚的意义发生了质的变化，为现代教育刑的发展奠定了基础。他认为，刑罚不应当与犯罪行为的社会危害性相适应，而应当与犯罪人的危险状态相适应，刑罚的种类和轻重应当根据剥夺罪犯的犯罪能力或使罪犯重返社会的需要而确定。龙勃罗梭不再认为刑罚是社会对付犯罪的唯一方式。为了适应罪犯重返社会的需要，他主张在废除传统的镇压性刑罚体系并代之以纯粹预防性质的刑罚体系的同时，求助刑罚替代物，对传统的刑罚制度进行根本性的变革。他认为短期自由刑应该废止，提出改良监狱，另外，他还主张刑罚个别化。在他的《犯罪人论》中有这样的描述，"人们应当竭力实现所谓的刑罚个别化，也就是说，针对具体的个人采用特殊的惩处和照管方式，就像医生针对不同的病人开出特殊的禁食配方和治疗处方一样"。[2]

菲利以实证主义哲学为基础，主张研究现实社会中影响犯罪产生和变化的各种因素，并针对这些因素进行实际的改良。他承认国家有刑罚权，但"刑罚不应当是对犯罪的报应，而应当是社会用以防卫罪犯威胁的手段"。[3]他批评了古典主义功利刑单纯以已然之罪的社会危害程度为基础确定刑罚量的缺陷，指出刑事古典学派的整个刑法典在其最后的分析中仅为一个计算刑罚的对数表而已。为了改革这种缺陷，菲利主张刑罚应当与犯罪的危险状态相适应，对罪犯进行不定期隔离。菲利还强调，迄今为止

---

[1] [意]切萨雷·龙勃罗梭：《犯罪人论》，黄风译，中国法制出版社2000年版，第321页。
[2] [意]切萨雷·龙勃罗梭：《犯罪人论》，黄风译，中国法制出版社2000年版，第358页。
[3] [意]恩里科·菲利：《犯罪社会学》，郭建安译，中国人民公安大学出版社1990年版，第142页。

一直被认为是救治犯罪疾患最好措施的刑罚的实际效果比人们期望于它的要小。[1]刑罚只是社会用以自卫的次要手段,除非事先消除所有犯罪因素或者减少犯罪的社会因素,刑罚不是预防犯罪的有效措施。在此基础上,他提出了刑罚替代措施的概念,并将此作为社会防卫的主要手段,而刑罚尽管是永久的但却要成为次要的手段。

如果说龙勃罗梭是现代刑事政策的创始人,那么德国著名法学家李斯特及其所代表的刑事社会学派则对各国的刑事立法与政策产生了更为巨大的、实质性的影响。他认为,犯罪作为社会生活的现象是由具体的犯罪构成的,每一个具体的犯罪也是社会现象的一部分。他批评了龙勃罗梭的天生犯罪人理论,又批评了菲利的犯罪原因三元论,将犯罪原因归结为犯罪人个人的因素和犯罪人外界的、社会的尤其是经济的因素。因此他认为,最好的社会政策就是最好的刑事政策,社会政策比刑罚及其处分的作用大得多。[2]他指出,刑罚是一把"双刃剑",它通过损害法益来保护法益。为了实行刑罚的自我控制,就必须把这把双刃剑交给一种居中的力量来把握,实现"刑罚的客观化"。

由于实证学派的推动,刑事政策有了科学的基础,由过去形而上学的刑事政策发展成为科学实证的刑事政策,并为后来的新社会防卫运动奠定了良好的理论基础。

3. 社会防卫运动的滥觞

社会防卫运动,又称新社会防卫论,是以意大利学者菲利普·格拉马蒂卡和法国刑法学家马克·安塞尔为代表的思想家在第二次世界大战以后,建立在严厉打击犯罪的报复性、惩罚性的刑法制度、扬弃和发展实证学派的社会防卫思想的基础上发展起来的一项刑事政策的思想运动、立法运动和改革运动。[3]

---

[1] [意]恩里科·菲利:《犯罪社会学》,郭建安译,中国人民公安大学出版社1990年版,第59页。

[2] [德]弗兰茨·冯·李斯特:《德国刑法教科书》,徐久生译,法律出版社2000年版,第13页。

[3] 梁根林:《刑事政策:立场与范畴》,法律出版社2005年版,第155页。

◉ 刑事政策视阈下的犯罪理论与刑罚理论

具体到刑罚制度方面，新社会防卫论强调犯罪人的法律主体地位而非被惩罚的客体的重要性，主张对罪犯的人格进行严格的"社会、医学、心理学"检查，在此基础上实现更广泛、更自由的刑罚个别化。新社会防卫论还主张根据健全的刑事政策思想修改刑法，将刑法与保安处分合并为刑事制裁的统一体系，使体系和法定刑的内容现代化。关于传统刑罚，社会防卫运动认为，在一个以尊重个人、保护人的生命、保护人类进化的自信心（或希望）、保护人（尽管他已误入歧途或犯有过错）的社会增值为基础而建立的社会里，死刑是绝对不存在的。关于剥夺自由刑，社会防卫运动积极主张监狱改革，在承认罪犯各项权利的前提下使监狱制度更加的人道化，减轻监狱的严酷程度，尽量使监狱生活与正常自由生活相接近，用教员来代替看守，改善罪犯的物质生活条件等。

由以上从启蒙时期至今具有代表性的刑法学家的观点可以看出，近现代以来刑法特别是刑罚制度演变发展的历史进程。从最初任意野蛮的死刑到废除死刑的提出，从自由刑的扩大、削减到新社会防卫运动提出的"刑罚取代措施"等，从总体上讲，刑罚呈现出由严酷走向缓和的趋势。[1]这也是符合现代刑事政策要求和方向的。

比较中西方刑罚发展的历史，其共同之处表现在它们都走过了一个刑罚体系由以身体刑为中心到以自由刑为中心，刑罚由严酷到缓和，刑罚由注重过去到注重未来这样一个过程。[2]由此可见，刑罚的轻缓化是历史的选择，理性的选择，文明的选择。"严峻的刑罚比较适宜于以恐怖为原则的专制政体，而不适宜于以荣誉和品德为功力的君主政体和共和政体。在政治宽和的国家，爱国知耻，畏惧责难都是约束力量。……人们害怕丧失生活，甚于畏惧死亡，所以刑罚只剥夺他们的生活就够了。"[3]

----

〔1〕 邱兴隆："嬗变的理性与理性的嬗变"，载邱兴隆：《罪与罚讲演录》（第1卷），中国检察出版社2000年版。

〔2〕 陈兴良：《刑法适用总论》（下卷），法律出版社1999年版，第18页。

〔3〕 [法]孟德斯鸠：《论法的精神》（上册），许明龙译，商务印书馆2012年版，第82页。

第六章

刑事政策视阈下刑罚轻缓化的中国实现

一、中国实现刑罚轻缓化的理论根据

(一) 刑罚轻缓化是刑事政策科学化的要求

如前所述,刑罚轻缓化泛指刑事政策的实际趋向。刑事政策是刑法的灵魂和核心。[1]目前关于刑罚执行的定位,学术界提出了很多有益的理论。比较为人熟知的有"两极化的刑事政策",即严格的刑事政策(hard criminal policy)与缓和的刑事政策(soft criminal policy)。其主张对轻微犯罪及有改善可能性的犯罪人采取后者,以抑制刑罚权发动为出发点,采取各项缓和处遇,替代传统刑罚,达成促使罪犯回归社会并防止再犯的积极目的。[2]我国学者储槐植亦提出一种"严而不厉"的刑事政策思想,"严"指刑事法网严密,刑事责任严格;"厉"指刑罚苛厉,刑罚过重。其基本思想在于扩大犯罪圈,增加刑罚规模,同时降低刑罚强度,实现刑罚轻缓化。这两种刑事政策都充分体现了刑法谦抑的思想。

所谓刑法谦抑,日本学者大谷实将其含义分为三个内容:刑法所具有的保护法益的最后手段的特性被称为刑法的补充性;刑法不介入市民生活的各个角落的特征被称为刑法的不完整性;即使现实生活中已产生犯罪,但从维持社会秩序的角度来看,缺乏处罚的必要,因而不进行处罚的特性

---

[1] 陈兴良:"刑事政策视野中的刑罚结构调整",载《法学研究》1998年第6期。
[2] 严励:"刑事法律观念的转换",载《政治与法律》2000年第6期。

被称作宽容性。这三者的结合就称作谦抑主义。[1]刑法谦抑原则要求刑事政策的制定和实施必须讲究刑罚资源投入的必要性、经济性、有效性，尽力避免不必要、不经济、无效甚至是有害的刑罚资源投入，特别是应当使刑罚成为其他法律制裁手段功能不足时的补充手段，并且应当是抗制不法行为的最后一道防线。简单地说，现实生活中犯罪的客观存在表明刑法是一种不得已的恶。[2]若用之不当，则国家与个人两受其害。[3]刑罚作为抵制不良行为的最后一道防线，应作为最后选择的调整手段，能不用刑罚就不用刑罚，若能用较轻刑罚手段调整的尽量不用较重的刑罚手段调整。

　　刑事政策是人类理性在刑事领域觉醒的产物。[4]刑事政策是否合理直接制约着惩罚和预防犯罪的效果。中华人民共和国成立以来，出现过几次犯罪高峰，刑罚也相应随之攀升。在现实生活中，社会公众和决策机构要求继续加大刑罚力度的范围已经极为有限，刑罚几近极限。面对此种状况，刑事政策再不进行合理化的调整，必将付出沉重代价。而其合理化调整的核心就在于一个"度"字。现代社会所倡导的刑罚的轻缓化就符合了这个度的要求，意味着刑事政策的一种宽松的选择，充分体现了刑法谦抑的思想。

　　(二) 刑罚轻缓化是刑法人道化的内在体现

　　"刑事政策中的人道主义原则，作为刑事司法中的适当程序原则的保障、科学主义刑罚的合理化及刑事政策中的法治主义的指针，已经成为现代刑事政策的指导理念。"[5]人道主义作为一种人文思潮，也是一种价值观、世界观，总是直接地或者间接地影响着一个国家的政治、文化和法律制度。具体而言，刑罚的人道化是指在刑罚执行的过程中，把罪犯当作人

---

[1] [日] 大谷实：《刑事政策学》，黎宏译，法律出版社2000年版，第86页。

[2] 陈兴良：《刑法的价值构造》，中国人民大学出版社1998年版，第17页。

[3] [德] 耶林语，转引自徐久生：《德语国家的犯罪学研究》，中国法制出版社1999年版，第39页。

[4] 储槐植："刑事政策：犯罪学的重点研究对象和司法实践的基本指导思想"，载《福建公安高等专科学校学报》1999年第5期。

[5] [日] 大谷实：《刑事政策学》，黎宏译，法律出版社2000年版，第17页。

来看待，尊重他们的人格，保障他们的正当权益。人道是一个历史范畴，最初是从拉丁文 Humanistas（人道精神）引申而来，不同的历史时期有不同的人道标准。随着时代的发展，刑罚的人道化已成为历史发展的必然趋势，成为国际社会的共识。刑罚人道化的价值通常蕴涵和体现在三个方面，即刑法的宽容性、刑法的道义性和刑法的轻缓性。[1]而前两者又恰恰包含了刑法的轻缓化并为刑法的轻缓化所体现。

犯罪是一种特殊的社会现象，是社会异化的一种结构。[2]在刑事法中，罪犯的身份就是国家法律对于触犯刑法的公民的定位，但这只是一个身份定位，不能改变其作为人的这种客观存在。所以说，刑罚取得成效，也必须"以人性度人"。[3]而人性的基本要求乃是指人类出于良知而在其行为中表现出的善良与仁爱的态度与做法，即把任何人都当作人来看待。因此刑法人道化最基本的要求就可以归结为一个命题：犯罪人也是人。[4]刑罚的轻缓化，正是要求刑事法官保障犯罪人的人权，讲究宽容道义，使刑罚与人本性相符合，充分体现了人本价值观的时代理念。

首先，从犯罪人角度来看，刑罚的轻重应当考虑他们的心理承受力，以及刑罚轻重可能带来的社会后果，宽大的刑罚以符合人尊严的方式引导人离开犯罪行为。[5]贝卡利亚就认为刑罚的目的仅仅在于阻止罪犯再度侵犯公民，并规诫其他人不要重蹈覆辙。对于犯罪最强有力的约束力不是刑罚的严酷性，而是其必要性。[6]

其次，从社会的角度来看，对犯罪人处以轻缓的刑罚，其深刻的哲学依据在于培养公民内心对于法律的信仰，有利于培养社会共同的法治观念

---

[1] 陈兴良：《刑法的价值构造》，中国人民大学出版社1998年版，第663页。
[2] 张旭：《犯罪学要论》，法律出版社2003年版，第77页。
[3] [德] 拉德布鲁赫：《法学导论》，米健、朱林译，中国大百科全书出版社1997年版，第99页。
[4] 陈兴良："论刑法哲学的价值内容和范畴体系"，载《法学研究》1992年第2期。
[5] [德] 威廉·冯·洪堡：《论国家的作用》，林荣远、冯兴元译，中国社会科学出版社1998年版，第144页。
[6] [意] 贝卡里亚：《论犯罪与刑罚》，中国大百科全书出版社1993年版，第42页。

和法治心理,从而实现良好的法律文化氛围。[1]只有法观念的唤醒和强化才能够使法律上的行为有可靠的保障。[2]而刑法的公众认同大多数情况下来源于惩罚,包括对惩罚的亲身体验和对惩罚的观察或间接了解。[3]严酷的刑罚会使公众认为其是不合理的,相应的刑罚效果也会降低,而所谓的"威吓"也就成为一种超成本的浪费,一种过度立法和执法带来的后果。这种过度的反应将产生触发犯罪和导致犯罪的后果,[4]背离我们一般预防的良好愿望。换个角度看,刑场与其说是为罪犯开设,不如说是为观众开设。当怜悯感开始在观众心目中超越其他情感时,立法者似乎就应当对刑罚的强度作出限制。[5]

在长达数千年的刑法史中,刑法之进化的最明显的趋势就是刑罚的轻缓化。刑罚的本质逐渐由同态复仇观的单纯报复发展到关注人类自身(犯罪人和被害人)的目的刑理论,更进一步发展到认为刑罚就是以改善人而服务的教育刑和改善刑的思想,这正是人道主义思想不断作用的结果。可以说,它对人类刑罚理念的演化起到了根本性的作用。而刑罚论思想的改变又必然影响着刑罚种类的演变和刑罚体系的建立。在奴隶制社会和封建制社会,人道主义几乎完全让位于统治阶级所宣扬的神道和王道,人成了被镇压的对象,以人为本的思想没有生存的余地。刑罚作为统治社会的工具,是为统治阶级服务的,和人道主义没有关系;而且刑罚种类繁多,执行场面残忍恐怖。随着资本主义经济的出现和发展,与这一经济形式相适应的资本主义文化思想在社会中逐渐占了上风。自由、民主、平等、博爱正是资本主义思想的中心,这种思想在资产阶级夺取了政权后,又被贯穿于其政治法律制度中。人道主义思想由此而具体化并得到全面体现。在人道主义思想影响下,相比于封建时代,资本主义时代的刑罚思想和刑罚体

---

[1] 王明、康瑛:"刑罚轻缓化的正当根据与其实现",载《人民司法》2013年第4期。
[2] [德]古斯塔夫·拉德布鲁赫:《法律智慧警句集》,舒国滢译,中国法制出版社2001年版,第13页。
[3] 周光权:《刑法诸问题的新表述》,法制出版社1999年版,第5页。
[4] 黄卿堆、马立东:"社会转型中刑罚观念之定位",载《当代法学》2002年第2期。
[5] 马克昌主编:《刑罚通论》,武汉大学出版社1999年版,第54页。

系发生了翻天覆地的变化，大幅度减少死刑的运用就是明证。同时，死刑的执行方法也更加人道，执行场面完全摆脱了野蛮恐怖的气氛。此外，肉刑因违背人道主义思想，在现代刑罚体系中也逐渐绝迹。因为随着人道主义思想的发展，人的尊严和价值更加被重视，个人的自由和财产具有更重要的社会价值。当代的刑罚体系开始以自由刑和财产刑为中心。

（三）刑罚轻缓化是对刑法目的深入认识的产物

所谓刑罚的目的，即国家制定、适用、执行刑罚所希望达到的效果。关于刑罚目的为何，争论由来已久。

绝对主义认为刑罚是犯罪的当然结果，犯罪是刑罚的原因。换言之，刑罚由于犯罪而被科处，除此以外不追求任何其他目的，又称报应主义或报复主义。此说又有神意报应主义、道德报应主义和法律报应主义之分。值得注意的是法律报应主义从法律的角度说明刑罚的适用，是可取的，但其只从已然之罪加以说明，否认刑罚另有目的的存在，令人难以赞同。与此相反，相对主义认为刑罚不是因为有犯罪才科处，而是为了将来不犯罪。所以刑法的目的不在于犯罪本身，而在于保护社会的实际利益。此说肯定了刑罚预防的目的，却在一定程度上否认了刑罚报应的本质属性，也不足取。刑事古典学派代表贝卡利亚所持的是双面目的说。他指出："刑罚的目的既不是要摧残折磨一个感知者，也不是要消除业已犯下的罪行——刑罚的目的仅仅在于：阻止罪犯重新侵害公民，并规诫其他人不要重蹈覆辙。"这里的"阻止罪犯重新侵害公民"就是刑罚的特殊预防目的；"规诫其他人不要重蹈覆辙"就是刑罚的一般预防目的。[1]我国目前比较一致的看法也是刑罚的目的可分为根本目的和直接目的两个层次。我国刑法的根本目的是保护广大公民的合法利益和社会秩序，保障具有中国特色的社会主义建设事业的顺利进行。这一根本目的不仅表现了我国的刑法的阶级本质，也从宏观上指导着我国刑罚的制定、使用和执行。而我国刑罚的直接目的是预防犯罪，一方面它预防犯罪分子重新犯罪；另一方面，预

---

[1] 王明、康瑛："刑罚轻缓化的正当根据与其实现"，载《人民司法》2013年第4期。

防社会上可能犯罪的人实施犯罪。

在传统重刑主义观念的影响下，我国历来在实践中比较重视直接目的与一般预防。基于刑罚所具有的威慑作用，迷信刑罚的威力，潜藏着导致重刑的可能性，容易忽视尽管更困难但更有效的预防性和社会性的补救方法，忽视了刑罚的根本目的和特殊预防。如果刑罚过重，重到罪刑远不均衡，那么对于犯罪人来说，既然都是严刑峻法，与其犯罪行轻一点的犯罪，不如犯罪行重一点的犯罪。就一般预防而言，重刑的意义主要在于威慑，这种威慑其实强调的是刑罚的严厉和残酷，与时代精神相背离。其实，刑罚只是社会用以自卫的最后手段，以刑去刑的重刑主义历来为人所诟病。对犯罪更有威慑力的是刑罚的及时性与确定性。在这个层面上，刑罚以罪刑相应为已足，在能有效预防和控制犯罪的标准下，刑罚应当尽量缓和。所谓的刑罚万能主义和重刑化的倾向作用于司法实践只能导致刑罚调整范围、刑罚量的投入与犯罪率同步攀升。刑罚功能的有限性正是深刻反思得出的结论。"事实上，对刑法一般预防目的意识的弱化，反映在刑事立法上正是使刑罚倾向轻缓化的理论导因。"[1]刑罚只是社会用以自卫的次要手段，启蒙思想家荷兰学者格劳秀斯就曾明确指出"惩罚的目的是改造"。[2]如果能够不通过严刑峻法就达到改造和预防犯罪、保障社会秩序的目的，那么为什么我们不选择轻缓的刑罚呢？

（四）刑罚轻缓化是达到刑罚经济的必要条件

刑罚会带来对罪犯的惩治这种正当而又必要的代价，刑罚功能的发挥与目的的实现要通过对罪犯的惩罚包括剥夺罪犯的自由、财产甚至生命等权益来达到，因而，刑罚的适用具有代价性。刑罚轻缓化是刑罚经济的必然选择，达到国家刑罚资源的效益最大化的必由之路，这是从经济分析法学得出的必然结论。在经济分析法学看来，刑法的创制和运行是国家进行

---

[1] 李娜、罗欣："略论新刑法中的轻刑化问题"，载《湖南政法管理干部学院学报》2000年第4期。

[2] 转引自法学教材编辑部编：《西方法律思想史资料选编》，北京大学出版社1983年版，第158页。

的一项法律活动，有着高昂的成本支出。而犯罪人受到惩罚，被害人得到安抚，广大民众得到教育警戒，这无疑是刑罚付诸实施后得到的收益。司法成本投入本质上就是一种司法资源的分配。

一个国家、一定时期对司法资源的投入总是有限的，合理配置有限的司法资源，实现司法工作最大的社会利益和经济效益无疑是司法机关所孜孜以求的。但是刑罚作为一种"恶"从本质上来讲，其投入的量一旦过剩，就会导致刑罚对社会成员自由和其他权益的过度限制和剥夺，造成不应有的损害。因此，人们无奈地认为"保护权利最得力的工具也常常是侵犯权利最厉害的东西"。[1]换一个角度来讲，刑事司法活动的高消耗性与刑事司法资源的有限性的矛盾使得在追求司法公正的同时，必须注重司法效益的实现，以最低的成本投入，以尽可能少的资源，实现最佳效益，这也就是刑罚经济的观念。刑事司法的运作，特别是作为犯罪惩罚手段的刑罚执行，需要一定的物质资源保证，但是"罪犯们什么都没有付出，社会却为他们支付生活费，纳税人也增加了一项新的负担。因此更增加了社会因犯罪受到的侵害"。[2]

我国是一个发展中国家，我们的刑罚资源是有限的，国家不应该也不可能在刑罚执行上投入无限量的成本，国家刑罚执行机关在改造罪犯的过程中，应当贯彻经济学的思想，尽量降低成本，以求以最小的行刑成本获得最佳效果。通常情况下，轻重不同的刑事案件中国家投入的司法资源并不相同，在重罪案件中国家一般要投入比轻罪案件更多的司法资源。由此，经济地动用司法资源和以最小的刑罚成本求取最大化的刑罚效果便成为人们的理性追求。

由以上可以看出，刑罚适用成本的高代价决定必须树立刑罚经济性的观念，摒弃重刑主义和泛刑化的观点，坚持刑罚最后化原则。一个有效益的刑罚运行，是将刑罚合理地、适当地、有效地适用于对象，避免刑罚的滥用和过于昂贵，以最小的刑罚投入——少用或不用刑罚来获取最大的社

---

[1] 储槐植：《美国刑法》，北京大学出版社1987年版，第25页。
[2] [意]加罗法洛：《犯罪学》，耿伟、王新译，中国大百科全书出版社1996年版，第9页。

会效益——有效地预防和控制犯罪，使这种"必要的恶"与刑罚的付出成本都减少到最低，提倡刑罚的轻缓化。

二、中国实现刑罚轻缓化的现实基础

上文论述了中国实现刑罚轻缓化的正当性，但在社会转型期是否应该实现刑罚的轻缓化的问题还没有触及。众所周知，目前的中国仍有很多严重的刑事犯罪案件屡禁不止，新型的犯罪形式又层出不穷，此时提出刑罚轻缓化似乎不合时宜。其实不然。社会转型是社会结构及社会运行机制的转化过程，这种由传统社会向现代化社会过渡的结构性变革，不仅对依附于旧结构之上的各种利益分配造成了根本的冲击和强制性的重组，更带来了观念、秩序和人们心理准备上的诸多问题。尤其是在社会转型的初期，观念、体制以及规范上的冲撞及"双重性"的特征，更使人们感受到社会震荡的剧烈。权威"真空"的出现、社会整合功能的失调，规律性地造成了各类社会问题（包括各种越轨、犯罪行为）的骤增。[1]关于社会转型与犯罪状况之间的密切关系，中外不少学者均有过研究。美国学者路易斯·谢利经过考察指出："犯罪已经成为现代化方面最明显和最重要的代价之一。"[2]在她为自己著作的中译本再版所作的序言中，她继续坚持自己的这一"代价论"：最新发展中国家在实现城市化的进程中，城市像磁铁吸引着农村人口，由于不习惯城市生活、高失业率等原因，这些移民进行了很多犯罪，现在南非的约翰内斯堡、巴西的里约热内卢和牙买加的金斯敦等地的暴力犯罪率都较高。而处于转型期的东欧和苏联国家，其财产犯罪率和暴力犯罪率的增长都空前高涨。相对而言，发达国家的犯罪率则不像刚开始工业化时那样持续上升。在美国，由于20世纪90年代经济的增长、更有效的政策和人口的变化，犯罪率趋于下降。在过去30多年中，全球流动性、通信技术和国际贸易发生了戏剧性的增长，这使得现在的犯罪更加

---

[1] 苏惠渔、游伟："社会转型时期我国刑事立法思想探讨"，载《法学》1994年第12期。
[2] [美]路易丝·谢利：《犯罪与现代化——工业化与城市化对犯罪的影响》，何秉松译，群众出版社1986年版，第200页。

全球化。我国学者肖剑鸣也持类似观点："犯罪现象的暂时性局部加剧是改革进程中所必然要付出的代价。"[1]王智民、黄京平两位先生对转型期的经济发展和犯罪变化之关系进行了考察，指出在经济持续增长的同时，犯罪现象也呈现出不断增长的趋势。例如，1990年与1980年相比，全国的国民生产总值由4470亿元增加到17 400亿元，平均每年增长8.966%，但是1989年与1978年相比，刑事案件的立案率也增长了2.2461倍，平均每年增长11.298%。[2]

学者张小虎在研究的基础上指出：当代中国社会的犯罪，主要源于社会分化中社会结构方面无以化解的紧张及其在个体生活中的投射。宏观层面，转型期中国社会犯罪率的增长主要源于意识价值、社会分层的失衡而造成的社会紧张，尤其是这种紧张缺乏合理有效的制度规范予以化解。微观层面，个体犯罪行为和由目标与现实之间的拉锯所构成的正相关，而与由合法方法、违法成本所表现的化解负相关。[3]社会在进步，经济关系、利益格局、道德伦理观念正在不断调整，影响改革、发展的不稳定因素和各种社会矛盾增多，诱发犯罪的隐患激增，犯罪率上升的趋势短期内尚难遏制，各种经济犯罪增加的状况更是不可避免。在这种形势下，刑法介入社会经济生活领域的范围不断扩大，对一些严重危害社会主义市场经济健康良性发展的犯罪行为适用刑罚进行惩处，是有必要的，也是必不可少的。但从根本上来说，各种经济关系与经济矛盾主要还是通过市场的自发调整得以解决，在这种情况下，过分严厉的刑罚与市场经济的内在逻辑本身是矛盾的。[4]而且动用刑罚调整社会生活是不经济的，尤其是重刑，所以刑罚对社会经济生活的干预力度应当节制，坚持刑罚的最后手段性原则，刑罚尽量轻缓，为市场经济发展提供一个宽松的法治环境。

---

[1] 肖剑鸣：《无形之手——现代化与犯罪潮》，重庆出版社1996年版，第67页。
[2] 王智民、黄京平：《经济发展与犯罪变化》，中国人民大学出版社1992年版，前言。
[3] 张小虎：《转型期中国社会犯罪原因探析》，北京师范大学出版社2002年版，第200页。
[4] 陈兴良："刑事政策视野中的刑罚结构调整"，载《法学研究》1998年第6期。

三、刑罚轻缓化的中国实践

(一) 刑罚轻缓化的观念培育

1. 执法者重刑思维的转变

我国是重刑主义的国家，我国的刑法是重刑主义的刑法。除立法以外，重刑主义思想在我国司法执法等方面也有一定的表现。在司法上，不少执法行为存在一定程度的重定罪轻量刑的不良倾向。除此以外还存在重人身刑轻非监禁刑的倾向，法院判处拘役和管制的很少见，单处罚金的就更少。在制刑、量刑上的重刑倾向，必然会严重影响行刑的效果。

产生这些重刑倾向的原因很复杂。其根源在于对待刑罚的价值取向上，即过分迷信和人为夸大刑罚功能中的威慑作用，认为只有通过严刑峻法才能达到控制犯罪的理想效果。重刑主义可能在短时期内遏止一部分犯罪，但从长远来看，弊大于利。从宏观层面看，它违背了罪刑相适应的原则，有损司法的公正和公平；不利于罪犯的改造，造就了极少数死心塌地与人民为敌的死硬分子，增加了不必要的司法成本；不利于国家的长治久安；有损于我国国际形象。从微观层面看，重刑主义直接导致了刑法的僵化，尤其当司法实践中遇到情与法相冲突时就缺乏灵活处理机制。而且，从理论上讲，犯罪是一种社会现象，它的产生与社会的经济、文化发展水平，人们的生存环境、受教育程度以及心理素质等众多因素有关。犯罪是社会综合病态的反映，不是单凭刑罚尤其是重刑这一种方法就可以解决的问题。所以，重刑主义如饮鸩止渴，并不能真正实现减少犯罪的目的。

另外，重刑主义思维也不符合我国惩治犯罪的实际需要和传统文化心理。重刑止罪只是重刑主义论者的理想，在重刑之下，我国社会的犯罪率不仅没有递减，相反却呈逐年上升趋势。因此，将社会治安恶化的原因简单地归结为刑罚太轻、打击不力而选择重刑化之路，显然是把复杂的问题简单化、理想化了。

在刑事司法中，法官拥有在法定刑幅度内自由裁量的权力，完全可能在现有的刑罚结构内根据不同的案件情况选择适用相对较轻的刑罚。就现状而言，司法轻缓化比立法轻缓化的余地更大，难度更小，因此，许多学者纷纷把中国刑罚轻缓化希望寄托于刑事司法，认为现阶段在此问题上法官比立法者更应有所作为。"在法律现成的刑罚结构下，司法机关的刑罚适用应当体现刑事政策的精神。唯有如此，才能通过卓有成效的司法活动，使刑罚结构在动态中趋向合理化。"[1]

的确，通过司法带动刑罚轻缓化在目前的状态下未尝不失为一条捷径。而实现这一目的关键在于司法工作者尤其是法官必须彻底摒弃传统的报应刑观点，张扬刑罚谦抑和刑罚节俭的思想，承认刑罚最后的手段性，承认刑罚功能的有限，树立起科学、理性的刑罚价值理念。尽量将刑罚的适用和投入量控制在最小的限度内，真正让刑罚轻缓化不再是一句空洞的口号，而是实实在在的行动。

2. 民众重刑情结的扭转

一个社会的价值体系，尤其是主流的价值体系，具有在文化传承过程中自我沉淀、自我复制的惯性倾向。[2]重刑主义思想在我国统治了两千多年，长期处于传统价值体系的主流地位。这种价值体系虽然历经近代百年战争与革命的洗涤，到今天依然存在于相当一部分民众的思想里。传统法文化中的"乱世用重典"的思想影响之深，有的人甚至把其推崇到"平世也用重典"的极端。

刑法是人类在运用公共权力对付危害社会的行为时，依靠理性的力量不断控制原始本能的报复情结而形成的关于犯罪与刑罚的规范性设定。刑法的发展史，是伴随着人类对犯罪认识的深化和人类文明的发展而不断寻找更有效的制裁手段的过程，也是人类对刑法目的的执着追求和对报复情感的自觉节制的理性化过程。尊重法律、正确理解法律应当成为社会的一条生活底线，其不仅是价值选择的依据，而且也是价值选择本身。民众重刑情结的凝聚，不仅仅是政府号召的结果，同时也是每一个个人的选择。

---

[1] 陈兴良：《走向哲学的刑法学》，法律出版社1999年版，第451~478页。

[2] 刘家琛："论刑罚适用及其价值取向"，载《人民司法》编辑部编：《当代刑罚价值研究》2003年版。

每个人都在用自己的方式体验着法律，这些经历或者情节虽然具体而微小，看起来与"依法治国"那样的大事关系不大，但却正是这些容易被忽略的私人小事在艰难地实践着法律，展开对公平正义的想象和呼唤。

因此，必须重视在刑法理念上树立起比威慑功能更重要的思想，发挥刑法的导引功能，摒弃重刑主义的思维定式，破除对重刑在遏制犯罪中的作用的迷信。只有将法律所提供的权利、自由等分配到每个人头上，人们才会加深与法律的感情。这种情感不是虚拟的，凭空而来的，而是体现在和谐安宁生活的营造上。

法律是公正和谐的艺术，凝成法律情结，是靠用平常之心去践行平等、秩序、自由等价值理念，去对待周围的每一个人，并用法律情感串联起人们之间的共同语言和共同关心。在现代社会中，不理解法律，自然也无法理解人生。只有怀有浓厚法律情结的人才会认真对待权利，真心对待法律。正如边沁所言，"温和的法律能使一个民族的生活方式具有人性"，"残酷的法律会通过恐惧、模仿或者培养复仇精神而变得残酷"。[1]传统民众的重刑主义情结如果不能从根本上得到彻底的扭转，将会长期影响到我国司法的进步，妨碍司法的实际效果。因此，要真正实现中国的刑罚轻缓化，改变和扭转民众的重刑情结将是一个长期而必要的工作。

(二) 刑罚轻缓化的立法体现

1. 削减死刑

死刑，亦称极刑，是剥夺犯罪人生命权的最为严厉的刑罚。它作为一个刑种，经历了由创立到兴盛再到衰亡甚至消亡的过程。我国是一个有着死刑传统的国家，早在西周时期制定的吕刑中五刑之律共3000条，其中死刑就有200条。中国两千多年的刑法史一直是生命刑高度发展与繁荣的历史。直到今天，我国刑法对于死刑的规定还贯穿于总则和分则之中。

死刑是影响刑罚结构的关键。刑罚结构的调整主要体现在最重刑种的

---

[1] [英]吉米·边沁：《立法理论——刑法典原理》，李贵方等译，中国人民公安大学出版社1993年版，第80页。

变动上，最重刑种的变动决定了整个刑罚结构的改革。[1]西方 17 世纪以后，随着启蒙学家人权思想的勃兴，死刑开始受到限制。

主张废除死刑的观点主要有两个方面：首先个人的存在和发展离不开社会，每个人的性格乃至行为都不是与生俱来的，个人的犯罪形成也与其生长的环境不无关系。在个人犯罪后将其以判处死刑的方式加以解决，似有未尽到教化义务之嫌。其次，司法程序不可能尽善尽美，人的认识也总是存在这样那样的局限，在司法实践中，错判的案件在所难免。然而即使只有千万分之一的错判率对于个人来讲就是百分之百，死刑的错判无法挽回，造成的损失不仅是个人的，也是社会的。

毋庸置疑，死刑有其不可避免的消极作用。从刑罚轻缓化的发展眼光考察，死刑作为一种制度，必然将走向消亡。但是死刑必然被废除，并不等于在一个具体的社会里马上就能够废除死刑。中国目前要废除死刑还不具备应有的物质条件和精神条件。

首先，从经济背景看，废除死刑不现实。我国还是发展中国家，生产力的相对落后决定我国现阶段不具有废除死刑的现实性。在我国目前这个阶段，对劳动力需要的状况不可能支持废除死刑。一方面，当代科学技术广泛用于生产，使对劳动力的需求越来越小；另一方面，作为人口大国，我国不可能产生劳动力供不应求的问题，相反，劳动力相对过剩所导致的下岗、失业与待业正日益严重。在这种情况下，不可能产生废除死刑以保护劳动力的要求。此外，单从执行成本上考虑，将罪犯监禁终身或剥夺其有生之年大部分时间的自由，代价并不低于将其处死，他可能上诉或者寻求其他解决方式，而这些与判处执行其死刑可能付出的经济成本是不相上下的。

其次，从人文背景看，废除死刑不现实。死刑的进化史表明，人道主义是死刑消亡的思想基础。然而，在历史上，我国并未像西方国家那样充分接受人道主义思潮。现实的中国虽然在保护人的权益等方面都有了长足

---

[1] 贾宇："废除死刑的理性思考和现实选择"，载鲍遂献主编：《刑法学研究新视野》，中国人民公安大学出版社 1995 年版。

的进步，但其发展完善还需要很长一段时间。更何况犯罪人一直以来就被社会民众视为"坏人"，杀人偿命的传统报应观念目前还根深蒂固地存在于国人的观念之中，死刑对被害人及其家属有不可低估的抚慰作用。在这些判断和看法的长期影响下，"不把犯罪人当人"在观念上与实践中均被视为理所当然，死刑的不人道性在我国目前很难达成一种共识。

最后，从我国犯罪现状来看，在一些地区，暴力犯罪依然猖獗，在此背景下，如果贸然废除死刑，治安形势将可能更加趋于恶化。公众的不满情绪也会大大增加。世界上一些国家在废除死刑一个时期之后，由于治安恶化与公众意向的双重压力又不得不恢复死刑的反复过程就充分说明了废除死刑的复杂程度。美国在1967年7月以后，曾一度停止执行死刑达10年之久。但面对重大案件发生率的直线上升，公众要求恢复死刑的呼声日益高涨，立法部门与司法机关不得不修正停止执行死刑的法律与政策，恢复了死刑的适用。而且，近年来，美国的死刑执行数量有日益增加的趋势。因此，死刑的存废问题绝非可以毕其功于一役的轻而易举之事。

在现实的基础上如何削减死刑，具体在立法上，建议向以下几个方面努力：①大幅度削减刑法中的死刑罪名，将平时适用死刑的范围控制在10个罪名左右，其削减的对象主要集中在大部分贪利性质犯罪的死刑中。贪利犯罪主要是指经济犯罪和财产犯罪。到目前为止，我国已经取消了对走私罪、盗窃罪、盗掘古文化遗址古墓葬罪、金融诈骗罪等犯罪的死刑，仍然保留了贪污罪、受贿罪的死刑。这一调整整体调低了我国刑罚结构的严厉程度。②废除大部分危害国家安全犯罪和军事犯罪的死刑。我国现行刑法中危害国家安全犯罪挂有死刑的罪名有7个，其实大可不必。有部分罪名完全可以并入危害公共安全罪、侵犯人身权利罪之中，既不影响危害国家安全罪的严厉惩罚，又有利于我国的国际形象。而军事犯罪有11个罪名挂有死刑，和平时期很少能用到，而且从军事司法的情况来看，还未见到这些死刑适用的案例。完全可以废除非战时军事犯罪的死刑。③废除并非"罪行极其严重"的普通刑事犯罪的死刑。根据我国的法制传统和外国的一些立法例，严重的故意杀人罪都认为是应当判处死刑的，可以在现阶段作为"罪行极其严重"的参考标准。我国已经废除了危害程度明显较轻的普通刑事犯罪的死刑，如传授犯罪方法罪、组织卖淫罪、强迫卖淫罪等，是一个巨大的进步。

2. 短期剥夺自由刑

从自由刑的历史进程看，其远不如生命刑历史久远。但自由刑越来越受到国际社会的重视，在当代各国刑罚体系中已处于绝对的中心地位，作为最主要的刑罚而存在。但是自由刑特别是短期剥夺自由刑在我国已经存在较严重的问题，还并未引起应有的重视。

短期自由刑，顾名思义，是指短期的以人身自由为对象的刑罚。不可否认，短期自由刑的存在具有一定的意义和有利作用。如短期自由刑对初犯者、过失犯具有相当的冲击作用；短期自由刑是自由刑，不同于财产刑，在不分贫富起相同作用这一点上，符合公平的观念等。但是其存在的严重弊端也是不能忽视的。概言之，有以下几点：

第一，短期剥夺自由刑容易造成"交叉感染"。对于那些罪行轻微、社会危害性不大的犯罪分子，如果将他们与其他罪行严重难以改造的犯罪分子关押在一起，往往适得其反，使其受到"交叉感染"，以至于他们刑满释放后饱经世故，有的还受到其他罪犯关于犯罪"技能"的传授，不久又重新犯罪，没有达到刑罚所要求的特殊预防的目的。

第二，短期剥夺自由刑不利于犯罪分子适应社会，易造成重新犯罪。在现阶段的中国，客观地说认为犯罪不影响罪犯的工作与家庭生活是不确切的。入狱必丢失工作，会给罪犯未来生活带来后顾之忧，一旦出狱，除了物质上的贫困还要面对就业、婚姻家庭等诸多方面的困难，加上社会歧视和出狱人心理准备不足，使其很难重返社会，重犯率偏高。

第三，短期自由刑时间短。一方面惩罚的功能太弱，不具有刑罚威慑力，一般预防效果差；另一方面，行刑机关没有足够时间了解罪犯的特点，难以制定出行之有效的个别处断方案，并依此有针对性地进行矫正和教育，教育改善功能差。

第四，被适用短期自由刑的人，多为轻微罪犯，尚有一定的羞耻心，容易改过自新。然而其一旦被关押，就同其他罪犯一样被贴上了犯罪分子的标签，降低了其自尊心，会导致其产生自暴自弃的心理，从而更容易走上再犯的道路。

第五，短期自由刑与刑罚效益的要求脱离。首先，短期自由刑的受刑者过多地占用了监狱设施，给行刑实务造成了过大的负担。其次，社会在转型，这种由于发展带来的社会结构的变化而引发的高失业率、人口密度大、人口流动率大等原因使犯罪率上升是现代化进程的必然现象[1]。于是短期自由刑就与刑罚资源的有限性与刑法调控能力的有限性（法律本身滞后性、审判机关法官数量有限、法官素质不够高等）形成了一个矛盾。

对于短期自由刑问题的解决，立法是关键。基于刑事法律的特殊性，不在立法上规定一些制度，在司法中是很难有所作为的。具体来讲，刑事立法方面的措施主要有：①设立短期自由刑易科非监禁刑制度。早在1950年于荷兰海牙举行的第12届国际刑法及监狱会议的决议就曾指出，针对短期自由刑的弊端，应当考虑罚金、不剥夺自由的强制劳动、禁止从事一定职业或者活动等替代措施。[2]这是很有价值的见解。关于短期自由刑易科非监禁刑制度主要包括三项内容：易科罚金刑、易科资格刑、易科社区服务制度。②健全刑事犹豫制度。刑事犹豫制度是各国普遍采用的避免短期自由刑弊端的一种制度，包括侦查阶段的微罪处分制度（即公安机关对不需要给予刑事处分的轻微犯罪不移送至检察机关，而自行予以终结处分的制度）；检察阶段的起诉犹豫制度（即检察机关对于有犯罪嫌疑且具有起诉条件的案件，认为无追诉必要时，决定附条件不予起诉的制度）；审判阶段的宣告犹豫制度（即审判机关经过审判确定行为人的行为构成犯罪，但暂时不宣告其有罪，而在一定期限内交给有关机关对行为人进行监督考验，如果行为人在此期限内遵守所规定的条件便不作有罪宣告；如果没有遵守所规定的条件，则作有罪宣告；如果在考验期内又犯新罪，则与前罪数罪并罚的制度）以及行刑阶段的假释制度。目前我国仅仅规定了执行犹

---

[1] 蔡墩铭：《法治与人权——司法批判》，敦理出版社1987年版，第191页。
[2] 赵秉志、陈志军："论我国短期自由刑问题的应对方案"，载《人民司法》2003年第8期。

豫制度（缓刑）和行刑阶段的假释制度。但是，对短期自由刑问题的重视与解决，应贯穿于刑事诉讼侦查、起诉、审判、执行之全过程，在坚持和完善缓刑制度和假释制度的同时，还应建立侦查阶段之微罪处分制度、检察阶段之起诉犹豫制度、审判阶段之宣告犹豫制度，健全刑事犹豫的制度体系。

总而言之，短期剥夺自由刑不符合国际社会刑罚轻缓化的趋势。受到追究的犯罪永远不是全部。从抽象意义上讲，与未被追究的犯罪相比，刑罚越严厉，离刑罚的效益原则越远；刑罚越轻缓，离刑罚的效益原则越近。[1]而短期剥夺自由刑的特征却恰恰是与之背道而驰的。正因为如此，我们有必要从国情出发，在立法上对短期自由刑加以限制，在刑种和量刑幅度等方面进行适当的调整，同时注意借鉴世界短期自由刑改革活动的成果，制定一个系统的短期自由刑的应对方案。

3. 扩大罚金刑

罚金刑从其产生之日起就成为刑罚理论与实践中的一个热点问题。讨论的焦点主要集中在罚金刑的利弊分析以及在制度层面能否作出改进的问题上。[2]《刑法》第 52 条规定："判处罚金，应当根据犯罪情节决定罚金数额。"但是由于社会存在贫富差别，加上罚金执行方面的一些问题，该规定引起不少人的忧虑。"法院判处罚金刑时，往往更多地考虑罚金能否缴纳，而缴纳罚金与犯人的支付能力直接相关，因而司法人员在裁量罚金时，要根据犯罪人的支付能力确定罚金数额，而难以顾及犯罪的社会危害性和主观恶性大小。这种以受刑人财产状况和支付能力为根据来确定罚金数额的做法，有悖于罪刑相适应原则。"[3]应该承认，罚金刑的执行难问题是现行罚金刑制度本身的一个固有缺陷。对于穷人来说，巨额罚金永远是难以逾越的高山；而就罚金刑适用较多的白领犯罪而言，这种刑罚同样是难以执行的。一般而言，白领犯罪分子要么是利用其自身优势在犯罪后

---

[1] 赵贵龙：“论非刑罚化思想在司法中的价值定位”，载《人民司法》2002 年第 7 期。
[2] 单长宗等主编：《新刑法研究与适用》，人民法院出版社 2000 年版，第 221 页。
[3] 马克昌主编：《刑罚通论》，武汉大学出版社 1999 年版，第 199 页。

千方百计地转移、隐瞒其财产；要么就是在犯罪之后将其占有的财产挥霍殆尽，导致人民法院无法追缴罚金。正如日本一位学者指出的那样："罚金刑，无论金额制定得如何合理，如果执行方法有问题，则将无刑罚之效果。"〔1〕

尽管如此，罚金刑作为非监禁刑罚，同其他刑罚方法比较，具有许多其难以比拟的优越性。第一，对于贪利性犯罪以及其他财产性犯罪，罚金刑具有比较明显的反动机功能，那些贪利犯罪者会因为罚金刑而感到自己不仅无利所图，而且得不偿失，就不得不对自己的行为重新评估。第二，对于情节轻微的犯罪，罚金刑具有良好的短期性替代功能，罚金刑可以根据行为人的财产情况、家庭状况，以及个人的性格等综合因素被酌情适用，可以给予较自由刑更良好的一般预防的希望。第三，对于过失犯罪，罚金刑的惩罚、教育功能更为有效。第四，罚金刑具有可附加性，而且一旦误判纠正比较容易。第五，罚金刑是惩罚犯罪法人的最佳手段，"考虑到法人犯罪是一种有组织的团体犯罪，通常能从中得到大的利益以及法人本身也有一定资历，从一般预防和特殊预防目的出发，对犯罪法人处予不同于一般人的高额罚金，不仅在理论上没有问题，而且在实践上也是极为合理的"。〔2〕第六，罚金刑具有经济性，其执行方法比较简单、快捷，能有效地节省诉讼成本，而所得罚金上缴国库，是最经济、最有收获的刑罚方法。〔3〕

既然罚金刑有诸多的优点，为什么还会出现执行难的问题呢？从立法而言，罚金刑立法不完善是其重要根源。首先，《刑法》总则对罚金刑的适用缺乏明确的标准，且标准单一。《刑法》第52条规定："判处罚金，应当根据犯罪情节决定罚金数额。"这一规定过于简单、抽象，缺乏明确的标准，法官的自由裁量权限较大，在审判实践中不便操作。其次，《刑

---

〔1〕［日］宫泽浩一：《演习刑事政策》，青林书院新社1972年版，第321页。
〔2〕［日］石原一彦等：《现代刑罚法大系》，日本评论社1984年版，第226页。
〔3〕戴长林、刘晓云："罚金刑完善之思考"，载《人民司法》编辑部编：《当代刑罚价值研究》，法律出版社2003年版。

法》分则中，罚金刑在具体罪名的运用上存在不公平、不合理的现象。《刑法》分则中对于挪用公款罪、巨额财产来源不明罪、隐瞒境外存款罪等同类型财产性犯罪均未规定罚金刑，而其他贪利性或与财产有关的犯罪则普遍规定了罚金刑。立法的失当失公，必然会导致执法的不公，往往会使犯罪分子心理失衡，对罚金刑的执行产生消极抵触情绪；从广义上来讲，也会失去公众对法律的遵从和对法院的信任。针对第一个问题，笔者认为最可行的办法是充分发挥法律解释的功能，具体规定罚金刑的实施标准，通过法律解释的润滑作用使罚金刑的规定变得生动和宽容，运用起来更具有操作性。第二个问题因为涉及分则的大范围调整，建议立法机关在进一步调查论证的基础上，在所有财产刑犯罪的处罚设定中合理分配罚金刑。

总而言之，扩大罚金，是我国政治、经济、社会发展到一定程度的必然产物和要求，也是我国法律和国际接轨的必然趋势，顺应了刑轻缓化的历史潮流，具有积极的法律意义和实践意义。

(三) 刑罚轻缓化的司法实现

1. 正确认识"严打"

从刑罚轻缓化的角度看，对"严打"政策的内涵重新释义是十分必要的。"严打"的方针经过司法实践的长期检验和不断探索，已经从最开始的政治号召，逐渐形成具有明确目标对象和法律依据的规范化刑事政策。除了经常强调的"稳、准、狠"和"从快"以外，最高人民法院提出"严打"必须坚持做到"五严"，即"严之有理，严之有据，严之有效，严之有方，严之适度"。[1]所谓"严之有理"，是指严打要符合事理、法理和情理；"严之有据"，是指定罪量刑都必须有可靠的事实和法律依据；"严之有效"是指严打必须讲求效果，不仅要讲求当前的效果，还要讲求长远的效果；"严之有方"是指严打要讲求工作方法，根据严打对象的个

---

[1] 刘家琛："论刑罚适用及其价值取向"，载《人民司法》编辑部编：《当代刑罚价值研究》法律出版社2003年版。

体差异采取有效的方法;"严之适度"是指即便是属于严打对象的案件,也有一个刑罚适度的问题。

可见,"严打"的准绳依旧是法律,从快从重的前提是必须依法,绝不能因为贯彻"严打"而偏离刑法的轨道。"人民法院办案的基本原则是以事实为依据、以法律为准绳。我们不能为了形势的需要而作出违背事实和法律的判决;更不能借口形势需要而任意改变案件的性质和罪名。我们审理的每一个案件都要经得起历史的考验。"[1]只有真正做到这一点,才能使"严打"真正被纳入法制化、制度化的轨道。如果不对频繁多发的大量刑事犯罪予以严厉打击和有效控制,改革开放的成果和社会主义建设的巨大成就就会化为乌有,中华民族伟大复兴的中国梦也只能是不切实际的梦想。党明确要求必须保持国家的长治久安和稳定和谐的良好秩序,为了实现这个要求,就必须将"严打"政策持续下去,在努力实现其科学性的同时,动员和组织社会的力量,运用政治的、法律的、行政的、经济的、文化的、教育的等多种手段进行综合治理,从根本上预防和减少违法犯罪,维护社会的稳定。

2. 严格限制死刑的适用

我国虽然不具备废除死刑的物质和精神基础,但严格控制死刑的适用是必要的,也是可能的。坚持少杀、慎用死刑是我国一以贯之的政策,怎样才能做到限制死刑的适用,笔者认为应该从以下几个方面入手:

首先,严格把握好死刑适用关。根据《刑法》第 48 条的规定,死刑只能适用于极少数罪行极其严重、情节特别恶劣的犯罪分子。这一条规定的是死刑适用的条件,一定要严格把握,不能超越范围,降格以求。所谓"罪行极其严重",在分则死刑条款中有很多的表现方式,比如"对国家和人民的危害特别严重""情节特别严重""手段特别恶劣""数额特别巨大"等。具体而言可以从以下两个方面把握:其一是犯罪性质特别严重,即从整体上看是具有特别严重社会危害性质的故意实施的重罪。比如故意

---

[1] 江华:《江华司法文集》,人民法院出版社 1989 年版,第 47 页。

杀人罪、放火罪、抢劫罪、强奸罪等罪名的法定刑都规定了死刑。其二是危害后果特别严重,即客观上导致多人死亡、重伤、财产损失巨大或者其他特别严重后果。性质特别严重的犯罪不一定危害后果特别严重,法律往往列举危害特别严重的具体后果作为适用死刑的条件。总之,评价罪行是否严重,不能只从客观危害上看,还应当结合主观恶性,根据犯罪性质和案件情况综合加以认定,才能做出正确的结论。绝不可以把并非罪大恶极的犯罪分子拔高适用死刑。

其次,认真执行死缓制度,坚持少杀。《刑法》第48条规对于应当判处死刑的犯罪分子,如果不是必须立即执行的,可以判处死刑同时宣告缓期二年执行。所谓"不是必须立即执行",应当从犯罪分子的罪、责、刑三方面综合考察。具体而言,有以下五个标准:①罪该处死,但具有法定从轻、减轻处罚情节的一般应当判处死刑缓期二年执行;②罪该处死,但具有酌定从轻处罚情节的应当考虑判处死刑缓期二年执行;③罪该处死,但社会危害性未达到极端严重程度的应判死刑缓期二年执行;④罪该处死,但证据尚不够十分充分的;⑤罪该处死,但从政治上、外交上考虑需要按照国家特殊政策对待的应判死刑缓期二年执行。

再次,完善现行的死刑复核制度。基于对死刑所剥夺的权益的重要性以及死刑的误用可能性的认识,就死刑的适用设立一种不同于其他刑罚的适用的特殊程序,已经成为国际社会的共识。所谓死刑复核制度,就是死刑案件除最高法院判决的以外,都应该报请最高人民法院核准。这样一来,就从客观上限制了死刑的使用数量;加上最高人民法院对于刑事立法精神有着准确的理解,在审查核准死刑案件时,对死刑的适用把关更为严格。自2007年起,最高人民法院克服重重困难,已经将死刑案件的复核权全部收回,这为控制死刑提供了根本的保证。

最后,严格适用共同犯罪的死刑。近些年来,共同犯罪的发案率高居不下,抢劫共同犯罪、贩毒共同犯罪、走私共同犯罪、杀人伤害共同犯罪、绑架共同犯罪、伪造货币共同犯罪以及黑社会性质组织犯罪尤为突出。共同犯罪是二人以上共同作案,因而往往是做大案,造成的后果极其严重。因此，当前的审判实践中，一个共同犯罪案件中有几个犯罪人被判处死刑的情况屡见不鲜，甚至是数人杀了一人或者重伤一人，数人均被判处死刑。笔者认为，对于这类案件，必须严格遵循《刑法》第48条第1款所规定的"死刑只适用于罪行极其严重的犯罪分子"的条件。具体而言，只能对在共同犯罪中起最主要作用的主犯适用死刑，对非主要主犯不能适用死刑。

另外，严格限制死刑的适用还要加强宣传，优化限制死刑适用的社会环境。"杀人偿命"的报应观念在民众心中已经根深蒂固，以至于仍有群众对全国已经普遍适用的注射执行刑方式难以接受，认为这种执行方式相对于罪犯犯案时的残忍过于文明。对此，应该加强宣传引导，正确看待死刑在打击和预防犯罪方面的作用，以及对被害人方的安抚功能。

3. 短期自由刑的慎用与替代

我国现行刑法没有规定刑种易科制度，但是在司法过程中也存在有减少短期自由刑宣告的空间，在司法实践中对此应予以重视，充分利用现有法律的空间，尽量不对罪犯适用一年以下监禁或者拘役的短期自由刑，以减少短期自由刑的弊端。概括起来，主要有以下两种途径：

第一种是利用刑罚的选科制度来减少短期自由刑的宣告。所谓刑罚的选科，是指在法条规定某罪的数种刑罚中作非此即彼的选择适用。在我国刑法分则规定的法定刑幅度中，许多是将有期徒刑、拘役等与管制、罚金等作为选科刑种的。这类法定刑幅度具体包括以下五种类型：有期徒刑、拘役、管制、剥夺政治权利的选科，有期徒刑、拘役、管制的选科，有期徒刑、拘役、剥夺政治权利的选科，有期徒刑、拘役、管制、罚金的选科，有期徒刑、拘役、罚金的选科。但遗憾的是，我国目前判处管制或者单处罚金、剥夺政治权利这类非监禁刑的比例很低。按照选科的方法，在案件应当适用以上量刑幅度时，只要不至于严重违背罪责刑相适应的原则，人民法院就应当尽量适用罚金、管制、剥夺政治权利等非监禁刑，避免适用短期自由刑。

第二种途径是利用减轻处罚制度减少短期自由刑的宣告。我国《刑法》第63条第1款规定："犯罪分子具有本法规定的减轻处罚情节的，应当在法定刑以下判处刑罚……"第2款规定："犯罪分子虽然不具有本法规定的减轻处罚情节，但是根据案件的特殊情况，经最高人民法院核准，也可以在法定刑以下判处刑罚。"第1款规定的是法定减轻处罚制度，第2款规定的是特别减轻处罚制度，后者有严格的程序规定。有学者提出，在案件具有法定减轻处罚情节时，如果刑罚规定的法定刑幅度之最低刑为拘役，在判决时应当判处管制这一限制自由刑，而不应判处1个月以下的拘役（拘役的最低期限为1个月）。由于我国刑法分则中以拘役为最低刑的法定刑幅度非常多，因而减轻处罚制度对于减少短期自由刑的宣告具有重要意义。此外，减轻处罚制度对于减少（以拘役为最低刑的法定刑幅度的案件）短期自由刑的宣告也具有一定的价值，只是在目前的刑法严格的程序条件下很难发挥作用。

当然，短期自由刑问题的解决是一个复杂的系统工程，需要各个环节互相配合，以期能减少弊端，跟上世界短期自由刑改革运动的浪潮。

4. 量刑情节的理性酌量

我国学者蔡墩铭在他的《法治与人权——司法批判》一书中指出："社会控制的效果要靠合理的制裁。"[1]量刑问题是刑法理论的缩影，旧派的报应刑论主张以犯罪本身的危害程度为基准的量刑是正当的，新派的目的刑论主张以犯罪人的性格危险程度为基准的量刑是正当的，并合主义则主张同时以犯罪本身的危害程度与犯罪人的性格危险程度为基准的量刑也是正当的。大陆法系国家一般采取并合主义，这反映在各国刑法对量刑基准的规定上。

长期以来，在我国刑事司法实践中存在这样两种错误的思想观念和做法：其一，认为我国刑法对犯罪规定的量刑幅度较大，刑事案件只要事实清楚、证据确凿、定性准确就可以了，量刑轻一点重一点无关紧要。基于这种认识，我国的审判机关在刑事审判过程当中，一贯重视对案件的定

---

[1] 蔡墩铭：《法治与人权——司法批判》，敦理出版社1987年版，第191页。

性,而对量刑工作的重要性则认识不足,特别是在处理上诉、申诉案件时,只对那些定性错误或者量刑畸轻畸重的案件才予以改判,对于量刑偏重偏轻的案件大都维持原判。其二,认为量刑的根据应当是行为的社会危害性,行为的危害性大,刑罚就应该重;行为的危害性小,刑罚就应该轻。在这种客观主义刑法思想观念的影响下,人民法院的审判工作长期重视社会危害性在量刑上的地位,对于行为人人身危险性在量刑上的作用重视不足。由于受到这两种观念的影响,我国司法实践中不可避免地存在相当一部分失重失轻尤其是失轻的判决,不仅在根本上违背了我国刑法规定的罪责刑相适应的原则,也严重地伤害了人民群众对法院裁判的公信力。[1]

此外,量刑的不平衡还集中反映在酌定减轻处罚情节的适用上。我国《刑法》第63条第2款规定:"犯罪分子虽然不具有本法规定的减轻处罚情节,但是根据案件的特殊情况,经最高人民法院核准,也可以在法定刑以下判处刑罚。"根据此条规定,法院可以按照案件的特殊情况在法定刑以下判处刑罚。这里的"特殊情况"到底指哪些,无从知晓,既无立法说明,也无司法解释,因而给司法实践中的运用带来一定的困难。尽管酌定减轻情节的适用需最高人民法院核准,但对于"案件特殊情况"的理解不同,还是存在有将酌定减轻事由任意化,滥用自由裁量权的可能。但正如有的学者所言:"对酌定减轻情节内容的具体化问题,不是理论界的探讨就能解决的。这应当通过司法实践中确立可作为范例的判例才能予以解决。"[2]因此,对"案件中的特殊情况"的常见表现形式包括一般量刑的标准问题予以归纳和总结就显得必要和急迫起来。

之所以会存在量刑的不平衡,与多方面的因素有关。一般情况下,大致有以下几个原因:首先是刑法关于刑罚的规定,是相对确定的法定刑,从而使整个法庭对个案拥有作出不同判决的裁量权;其次,司法独立的原

---

[1] 林亚刚:"论刑罚适度和人身危险性",载《人民司法》编辑部编:《当代刑罚价值研究》,法律出版社2003年版。

[2] 阴晓光、杨荣学:"减轻处罚情节的理解与运用",载《法学杂志》1998年第1期。

则在我国表现为法院的独立审判，使司法审判活动具有个性特征；最后，刑罚基本理论在量刑指导思想上存在难以克服的冲突使得量刑不平衡现象具有某种理论、政策甚至于法律的根据。就我国而言，量刑的不平衡是由主客观诸因素互相渗透、互为条件合理作用的结果。客观方面的因素包括法律方面的因素、社会舆论的因素、其他机关、团体的不正当干扰；主观方面的因素，主要是指审判人员的个体素质差异，包括政治素质的差异、心理素质的差异、专业素养的差异等。

我们提倡刑罚的轻缓化，就要注意对犯罪人裁量决定刑罚，在坚持罪刑法定和罪责刑相适应原则的前提下，应当尽可能地选择比较轻的刑罚，慎用"顶格判处"。即使对于严打的对象，也应当区别情节轻重。能适用轻刑的，尽量不要适用重刑。在情节加重犯的场合，对于基本犯和应当加重处罚的情节，应当严格把握，不能动不动就把基本犯罪构成事实作为加重处罚的情节，适用较高档次的法定刑。共同犯罪的场合，当共同犯罪行为造成严重后果时，应当区别不同犯罪人情况，分别选择刑罚，而不能对每个首要分子和积极参加者都处以极刑。另外，要严格区分和排除社会形势对于量刑的影响，因为将社会形势需要作为量刑根据，违背罪刑法定的原则。治安形势不好只表明犯罪的一般预防需求大，不表明犯罪特殊预防需求也大。据其加重犯罪应受刑罚的分量，只体现了刑罚与一般预防需要相适应的等价性，有悖等价性限制适度性的配刑理性，失于公正，不具有合理性。同样的道理也能用来说明民愤与量刑的关系。不可否认的是，民愤是人民意愿在一定时期、一定地方，针对特定案件所体现的比较集中的反应，讲求办案的社会效果，就不能脱离民愤来量刑。但是，民愤具有非理性的特征，体现的视角也比较狭窄，如果量刑的时候过分考虑遵从民愤，就很容易导致过重的量刑，背离罪刑法定的原则。

因此，笔者建议，鉴于刑法中规定的"情节"的内涵与外延不确定，容易产生歧义而导致刑罚的滥用而产生重刑，应该将一些产生歧义的情节概念规定得更明确一些，法定量刑情节更加翔实，酌定情节法定化。对另外一些没有得到普遍认可，在实践中争议颇大的情节如民愤、治安形势等则不宜上升为量刑情节。

上述措施有助于减缓刑罚的严厉程度，但同时又丝毫不减损刑罚在预防犯罪中的作用，不妨碍甚至能够更好地促进刑法目的的实现，应当成为未来刑法改革中考虑问题的方向。

(四) 刑罚轻缓化的行刑运用

1. 监狱行刑的科学与完善

在执行方面，不适当的或者说过重的执行方法，也会使刑罚产生负面效果，从而背离预防改造罪犯的初衷。我们提出行刑的轻缓化主要是针对国家刑罚权的适用而提出的，尽管从根本意义上讲，其与国家刑罚权是并行不悖的，但是从具体实现而言，又带有对国家刑罚权限制的色彩。[1]

行刑的轻缓化，即行刑的人道化和文明程度，它作为国家刑罚权的最后一个步骤，作为已然实现了轻缓化的制刑权、求刑权、量刑权的一个延续，主要表现在对受刑人人权保障的重视。受刑人应当拥有完整的人权，这是我国宪法和刑事法律中均明确规定了的。比如《监狱法》明确规定监狱人民警察不得有"刑讯逼供或者体罚、虐待罪犯""侮辱罪犯的人格""殴打或者纵容他人殴打罪犯"等九种禁止性行为，并且规定监狱人民警察如有这些行为，"构成犯罪的，依法追究刑事责任；尚未构成犯罪的，应当予以行政处分"。我国《刑法》也专门规定了"刑讯逼供罪""虐待被监管人罪""徇私枉法罪""徇私舞弊减刑、假释、暂予监外执行罪"等，并规定了相应的刑罚。除此以外，《监狱法》规定"罪犯对生效的判决不服的，可以提出申诉""罪犯的申诉、控告、检举材料，监狱应当及时传递，不得扣压"等以保障罪犯申诉、控告的权利。为了保障罪犯的生活，《监狱法》规定，罪犯的生活费"列入国家预算"，"罪犯的生活标准按实物量计算，由国家规定"，"罪犯的被服由监狱统一配发"，"罪犯的医疗保健列入监狱所在地区的卫生、防疫计划"。为了保障罪犯依法获得减刑、

---

[1] 孙万怀、李泽龙、苏义宝："论行刑的人道主义"，载本书编辑委员会编：《社会转型时期的刑事法理论》，法律出版社2004年版。

假释的权利，《监狱法》列举了罪犯有"阻止他人重大犯罪活动"等六项重大立功表现的，作出"应当减刑"的法律规定，并且规定，人民法院应当自收到减刑（或假释）建议书之日起一个月内予以审核裁定；案情复杂或者情况特殊的，可以延长一个月。为了健全监督机制，《监狱法》还规定，人民检察院对监狱执行刑罚的活动是否合法，依法实行监督。所以为了实现监狱行刑的科学和完善，我们要严格地遵守这些法律法规的规定，使监狱服刑人员的各项权利真正地落到实处。

考察一个国家对于公民权利的保障状况，首先要看这个国家对于相对弱势公民的权利的保障。受到刑事追究的犯罪嫌疑人和正在受到刑罚处罚的服刑人员相对处于一个更加弱势的地位，对他们权利的保障，不仅体现了一个国家的司法文明程度，更体现了一个国家实现刑罚之目的，也就是尊重维护社会成员的权利和自由。对刑事被告人处以人道主义刑罚，并不是说法律忽视了对于被害人的保护。我们应当看到，即使是十恶不赦的罪犯，仍然具有作为人的一些基本权利，对他们实施人道主义刑罚，不是对他们的法外施恩和怜悯，而是他们依法享有的不可剥夺的相应权利。他们仍然享有诸如人道主义待遇、不受残酷刑罚折磨、不受侮辱等公民权利。通过人道主义的改造、教育和惩治相结合，最终使犯罪者心灵受到触动和感化，进而达到改造的目的，减少暴力对抗。

2. 社区矫正的试用与推广

社区矫正（community-based correction），是与监禁矫正相对的行刑方式，是指将符合条件的罪犯置于社区内，由专门的国家机关在相关社会团体和民间组织以及社会志愿者的协助下，在判决、裁定或者决定确定的期限内，矫正其犯罪心理和行为恶习，并促进其顺利回归社会的非监禁刑罚执行活动。它是一种促使罪犯顺利回归社会，拯救其人性的特殊策略，也是一种目前在国际社会中得到快速发展的刑罚措施。2019 年 12 月由全国人大常委会通过的《社区矫正法》，明确规定了社区矫正的适用范围和主要任务。在通知中，列举了社区矫正的四种类型：管制、缓刑、假释、暂予监外执行。

从国际社会和中国的情况看，社区矫正主要有四个特征：第一，社区矫正具有刑事制裁性。社区矫正是在确定个人实施了犯罪之后，由审判机关和国家其他有关机关判处和采取的一种刑事制裁措施，是个人实施犯罪行为的一种法律后果，比如人身自由和行动受限。第二，非监禁性。非监禁性意味着被适用社区矫正的犯罪人，依然可以居住在自己的家中，在一定的范围内过着自由的生活；他们的人身自由可能会受到一定的限制，但是依然保留着很大的行动自由；他们的工作和日常生活不会受到服刑的很大干扰，基本上还像被处以社区矫正之前那样，从事自己的工作，过着自己的日常生活。应当认为，非监禁性是社区矫正与传统的监狱矫正、剥夺自由刑罚的主要区别之一。第三，社区参与性。指的是社区矫正对象与社区中的社会生活密切结合的特性。一方面是指犯罪人的社区参与，即社区矫正的对象积极参与所在地社区中的活动；另一方面是指广泛利用社会资源开展社区矫正，包括聘请社区志愿人员、准专业人员等开展社区矫正活动，动员社区居民从事有关的社区矫正活动等。第四，惩罚缓和性。对于被实行社区矫正的犯罪人来说，社区矫正虽然在一定条件下或在一定的时间和区域内，对他们的人身自由进行一定的限制，但是不会持续地剥夺他们的人身自由。这类犯罪人不会体验到被判处监禁的犯罪人所体验到的那些惩罚——剥夺和痛苦，包括失去人身自由、遭受两性隔离、失去个人自主性和隐私、缺乏人身安全感、与家人和朋友分离、无法获得大量的生活必需品和社会服务等。与监禁刑相比，对社区矫正对象的惩罚以及他们因此而体验到的痛苦，都是比较轻微的。但是惩罚的缓和性是与犯罪人的罪行程度相适应的。被实行社区矫正的犯罪人，是那些罪行比较轻微的，社会危险性不大的犯罪人；或者是那些原来的罪行虽然严重，但是经过一定时期的服刑生活，表现出积极向善行为，社会危险性大幅度减小，不会再危害社会的人。对这样的犯罪人采取社区矫正措施，体现了罪刑相适应的精神。因此，不能认为社区矫正就是对罪犯"宽大无边"。

与监禁刑或者监禁矫正相比，社区矫正有明显的优点。一般来说，有以下几个方面：首先，社区矫正能够有效地促进对罪犯的改造。在社区矫正中，犯罪人与家庭和社会的关系没有被隔断，社区矫正的犯罪人可以免受监禁环境的消极影响，社区在监管罪犯的同时也对他们实行帮助，解决他们的困难，是实实在在地改造他们。其次，社区矫正有利于增强社会的稳定性，可以避免过于严厉的打击使罪犯产生仇视社会的心理，避免了产生越来越多反社会力量的可能，影响社会的稳定。社区矫正对罪犯的惩罚较轻，不会引起犯罪人的社会对立情绪，反而会引起犯罪人的"感恩"心理，这是维护社会稳定的重要因素。最后，社区矫正能够节省大量的资源，包括国家的刑事司法资源和国家为解决监禁犯罪人之后产生的相关问题所需的资源。除了以上三点以外，社区矫正还有利于减轻监狱压力，促进监狱的安全稳定，有利于对罪犯的分类管理与教育，提高教育改造质量。更加重要的是，社区矫正有利于罪犯刑满之后成功回归社会，减少重新犯罪，有利于增强社区预防犯罪的意识，将社会治安综合治理落实在基层。还有利于与国际刑罚发展趋势相契合，树立我国政治稳定与文明的良好形象。

总而言之，作为与监禁刑相对的全新的行刑方式，社区矫正不仅体现了刑罚轻缓化的刑事政策思想，更重要的它是预防和减少重新犯罪、维护社会长治久安的有效良方，应该被大量适用。

结 论
风险社会下刑事政策的基本立场

"法律理念不是定居在一个全然和谐的价值的天堂,而是处于人的世界,也因此是有限而暂时的。"[1]"社会变迁必然引发犯罪态势的变化,引发刑法观念的变革,而刑法观念的载体就是刑事政策。"[2]风险社会下,人类面临着以技术创新为先导的各类新型风险,传统刑法在应对时明显乏力。刑事政策的调整也应当与社会发展状况相适应。既应当注重安全价值又应当发挥自由保障机能的要求对风险社会中的刑法应对提出了挑战。

一、风险社会下刑事政策与刑法的关系

刑法的演变不能脱离其所存在的时代背景,而现代风险社会呈现出的特征也会潜移默化地影响和决定刑法未来的走向。[3]风险社会的出现使刑法从古典刑法时代强调对犯罪的惩治向预防、控制犯罪转变,人们更希望于在风险发生之前便规避风险,刑事政策也不得不对此做出回应。因此,预防刑法应运而生,其主张通过刑法的早期介入来实现对法益的前置化保护,以更早地防控风险、避免危害结果的发生。预防刑法在犯罪论层面的表现为法益保护的前置化如预备行为实行犯化、实害犯危险犯化、具体危险犯抽象危险犯化。

---

[1] [德]阿图尔·考夫曼:《法律哲学》,刘幸义等译,法律出版社2011年版,第212页。
[2] 张旭:"风险社会的刑事政策方向选择",载《吉林大学社会科学学报》2011年第2期。
[3] 舒洪水、张晶:"法益在现代刑法中的困境与发展——以德、日刑法的立法动态为视角",载《政治与法律》2009年第7期。

但无论站在什么立场，刑事政策始终保留了如下特性：

第一，对策性。刑事政策是解决犯罪问题的。犯罪与人类社会相生相伴，犯罪之于社会也是相同的道理。从古至今，人们一直在研究如何对付犯罪，从运用刑罚到适用刑事政策，不断改变。但究竟从哪一视角、哪一层面、哪一路径去解决犯罪问题，依然见仁见智，即便是当下的刑事政策也无法给出满意的答案。以法律化后的刑事政策定罪量刑，以刑事政策变通程序，以刑事政策教育、改造犯罪人，在这一动态过程中如何准确地化用刑事政策，人们一直在探讨，并不断地将研究成果纳入刑事法律中，对策性是刑事政策的面向。

第二，灵活性。罪刑法定的初衷一方面是限制国家权力，另一方面是保障公民的自由不受国家权力的恣意侵犯。即使这样，刑事政策依然有不完美之处，它的坚固性、滞后性等特点都成为阻碍个性张扬、妨碍社会发展的樊篱。人们想到刑事政策，试图以此来弥补罪刑法定的不完美。为此，李斯特将刑事政策扩展到刑罚及其后面的监狱改造，罗克辛将目的理性作为刑事政策进入犯罪成立要件的违法层面及责任层面的手段，试图在罪刑法定的前提下解决其定罪量刑的不足。只是界限难以把握，多则侵权，少则不足以解决问题，至今尚未达成共识。我国刑事政策的灵活性体现得更加充分。针对每一时代出现的问题，刑事政策及时作出调整，并贯穿于立法及司法实践中。当社会治安每况愈下时，严打刑事政策出台，当社会治安出现明显好转时，宽严相济刑事政策问世，每一刑事政策的出现都有其历史的必然性。另外还有程序方面的刑事政策及时应对司法改革的困境，如以审判为中心、认罪认罚从宽等，都是刑事政策灵活性的最好证明。

第三，刑事责任性。无论哪一层面的刑事政策，如中国与外国不同的刑事政策、学者研究的刑事政策等，只要成为在司法实践中解决犯罪问题的措施，就必须被法律化。它并不一定被刑法化，但一定要被法律化，即以法律的形式公示出来，行为人依法承担刑事责任。突破罪刑法定只可在出罪与轻刑的情况下适用刑事政策，在法无明文规定时不得以刑事政策为由入罪或判重刑。罗克辛将刑事政策贯通于犯罪与刑罚的过程，笔者认为这有一定意义，但需要深入探讨。我国目前正通过刑法解释论将刑事政策纳入犯罪构成要件中。刑事政策的输入与贯通在特定情况下可以融入罪刑法定，如扫黑除恶刑事政策，对于由黑恶势力构成的非法拘禁罪、敲诈勒索罪、寻衅滋事罪等与由普通主体构成上述犯罪的构成要件不同，刑事责任也不一样，处罚相对更重一些。

法律作为人类高度内在型和自发的价值体系存在，必须与人类社会的生活方式相适应，国家不能固守18世纪的精神来解决21世纪的社会问题。[1]刑法教义学体系过分强调法的安定性与明确性，但过于精密的逻辑体系会使刑法体系失去灵活性，使其难以回应不断变化的社会现实。体系性的理论很难容纳其他与之相冲突的价值而带有很大的封闭性，尽管语言本身的模糊性与意义流变为开放性提供理论上的可能，但问题在于这种开放显然不能满足法律与社会发展之间的互动需要。[2]而风险社会的现实恰恰就要求刑法以新的姿态积极应对，而不是如传统刑法般等到实害结果的发生才予以制裁。社会的发展和价值观的更迭要求刑法不断变化并进行制度创新，但刑法本身所具有的稳定性的特点使得刑法无法与社会的发展同步，因而刑法需要刑事政策化，刑事政策化了的刑法便具有了刑事政策的灵活性，使刑法的发展与社会的变化同步，满足国家和社会对刑法功能需求。

二、刑事政策应积极参与风险防控

（一）对刑法工具属性的正视

长期以来，刑法因被定义为"保障法"而受"最后手段性""谦抑性"的约束，如果刑法与政策、行政法规一起参与社会的治理，则不可避免地会遭受"刑法工具主义""违背最后手段性""功利主义"的诘难。但是，刑法自诞生之日起，便是作为社会治理工具而存在的，这一点无法

---

[1] 何荣功："'预防性'反恐刑事立法思考"，载《中国法学》2016年第3期。
[2] 参见劳东燕："罪刑法定的明确性困境及其出路"，载《法学研究》2004年第6期。

否认。即便是在现代社会,刑法也是作为维护社会秩序的工具之一,而不是单纯的"犯罪人权利保护法"。现代国家当然不可能放弃刑法这一秩序利器,它更需要通过有目的地系统使用刑法达到控制风险的政治目标。[1]

风险社会促使现代刑法的使命发生变轨,应对不确定的风险和维护安全秩序已然成为刑法必须实现的主要目标,社会治理语境下刑法的工具属性更加凸显,因此,应正视刑法工具属性的客观性与刑法功能主义的发展性。[2]刑法的工具属性具有客观性,并不会因为个人的好恶而改变,与其掩饰、忽略、批判刑法的工具性属性,不如正视刑法的工具性属性,因势利导,使刑法这一工具在合适的轨道上行使。诚然,刑罚的严厉性极易对人权造成威胁,因此,刑法的运用总是伴随着"违反谦抑原则"的诘难。但是,这仅仅意味着对刑法的运用要慎之又慎,而并不意味着不能动用刑法。在这个变动不居的社会里,刑法有理由也应当随变动而变动。[3]

（二）对刑法秩序维护机能的重申

现代刑法具有人权保障与秩序维护的双重机能,但由于刑法本身的严厉性与残酷性,加上人们对封建刑法侵犯人权的恐惧,使得现代刑法的人权保障机能被无限放大,与此同时,秩序维护机能却长期被遮蔽。然而,风险社会的存在,决定了抽离公共政策的分析范式将无法真正认识现代刑法,[4]刑事政策对充斥的风险无法视若无睹。值得我们反思的是,单纯地强调刑法对人权和自由的价值,是否忽略了刑法的安全价值,忽略了刑法的秩序维持面向了呢?形象地说,刑法是否在人权保障的道路上只顾着埋头前行,以致慢慢背离了刑法的初衷?

如前所述,刑法在立法上需防止罪刑擅断,但在司法上显然是社会治理法,是作为"犯罪治理法"而存在的。此外,刑法的工具属性也要求刑

---

[1] 劳东燕:"公共政策与风险社会的刑法",载《中国社会科学》2007年第3期。

[2] 高铭暄、孙道萃:"预防性刑法观及其教义学思考",载《中国法学》2018年第1期。

[3] [德]乌尔斯·金德霍伊泽尔、刘国良:"安全刑法:风险社会的刑法危险",载《马克思主义与现实》2005年第3期。

[4] 劳东燕:《刑法基础的理论展开》,北京大学出版社2008年版,第11页。

法需积极发挥其在社会治理中的作用。传统刑法强调刑法的人权保障机能，对风险议题的关注透出人们对安全的担忧，安全问题联结风险社会理论与社会治理规则体系，刑事法将预防或排除社会风险作为目的是治理规则调整的表现之一。[1]风险社会的现实要求刑法对不确定性的风险予以积极回应，要求刑法积极发挥秩序维护的机能。传统刑法要求等到实害结果发生才能介入，正所谓"无侵害则无责任"，但是，实害结果可能是巨大的，也可能是无法恢复的，而且一概要求实害结果的发生也无法解决未遂犯的处罚正当性问题。由此，危险也被认为是结果的一种。[2]

危险犯的出现解决了刑法保护前置的处罚根据问题，而风险社会的现实则要求刑事政策采取更为积极的方式对风险进行防控。与此同时，刑法也不能过分强调自由保障机能而偏废秩序维护机能。至今仍有很多学者不承认风险社会的存在并认为"抽象危险犯不是风险社会的产物"。[3]但是，风险刑法理论的勃兴，必然强调法益保护的早期化与预防性，这体现在立法上便是抽象危险犯的大量增加，体现在恐怖主义犯罪、有组织犯罪、环境犯罪等各个领域，如非法持有宣扬恐怖主义、极端主义物品罪，组织、领导、参加黑社会性质组织罪，污染环境罪等。

（三）对社会安全需求的回应

在刑法领域，公众对于安全的现实需求汇聚成刑事政策上的压力，最终通过目的的管道传递至刑法体系的内部，驱使刑法体系向预防目的的方向一路狂奔。[4]风险社会下的风险凸显的是一种不确定性的、全球性的、制度性的风险，这与传统刑法理论中的实害、危险概念是完全不同的。风险的不确定性加剧了民众的担忧，而民众对于风险的担忧则促使刑事政策对风险进行提前规避。刑法作为刑事政策的重要工具之一，自然难以置身事外。

---

〔1〕 倪春乐："'预防性'正义及其风险——中国反恐刑事立法审视"，载《上海政法学院学报（法治论丛）》2018年第2期。

〔2〕 [德]弗兰茨·冯·李斯特：《德国刑法教科书》，徐久生译，法律出版社2006年版，第180页。

〔3〕 参见张明楷："'风险社会'若干刑法理论问题反思"，载《法商研究》2011年第5期。

〔4〕 劳东燕："风险社会与变动中的刑法理论"，载《中外法学》2014年第1期。

诚然，风险社会加剧了民众的不安全感，为了回应社会关切偶尔会出现象征性立法与情绪性立法的情况，但这种危机与副作用也有其好的侧面，如象征性立法是刑法对民众意愿的积极回应，不仅具有社会安定的作用，也有利于维护国家及法律的正当性基础。情绪性立法在某种程度上也恰恰是对民主政治的尊重。应正视民意立法，社会对某种行为有意见导致"群情汹汹"，国家和法律也不能置之不理，需要重视，因为预防刑法也有安定人心之用。一定程度上的象征性立法与情绪性立法是民主政治制度的必然产物，这在日本、美国等国家亦然。当社会的某种现象引起民众的恐慌而令民众发出"严惩""提前预防"的呼声时，国家的现行法律制度是无法对此视而不见的。

刑法教义学体系能确保法的安定性与可预见性，却失去了对现实的适应性与灵活性。刑法教义学理论强调在现行的立法模式内进行解释，有助于维持刑法体系的稳定性，但刑事立法本身便具有一定的滞后性，而刑法教义学更是由于对体系性的过分重视而存在与治理犯罪的社会现实脱节的风险。刑事政策的缺席或者说离开刑事政策价值选择的刑法体系，不可避免地导致现实适应力的缺失，由此形成的司法裁判结果，无法实现法律效果与社会效果的动态平衡。[1]风险社会的现实要求刑法积极应对社会中可能出现的不确定风险，这恰恰是脱离了刑事政策的刑法体系所无法及时回应的。刑法体系的稳定性缺乏对现实的回应与灵活性，无法满足风险社会对风险的预防，而"积极防控风险社会的不确定性和保障安全的基本条件，是时代赋予刑法的新任务"。[2]

三、刑事政策刑法化应当谨慎

(一) 与罪刑法定原则、罪刑均衡原则相适应

当下中国正处于社会转型的历史进程中，而这种转型又是在经济全球

---

[1] 孙国祥："论司法中刑事政策与刑法的关系"，载《法学论坛》2013年第6期。
[2] 高铭暄、孙道萃："预防性刑法观及其教义学思考"，载《中国法学》2018年第1期。

化带来的风险全球化的背景下展开的。[1]尽管风险社会与风险理论为刑事政策的刑法化提供了现实基础与理论依据，但刑事政策可能存在的动摇罪刑法定原则与刑法体系的稳定性等问题也不容忽视。封建刑法时代下刑事政策僭越了刑法的领域导致刑法失去安定性，以李斯特为代表的古典法刑理论学者将刑事政策与刑法相分离，提出"刑法是刑事政策不可逾越的藩篱"的命题，这也被罗克辛称之为"李斯特鸿沟"。当犯罪构成突破了罪刑法定限制的时候，刑事政策就如同脱缰的野马，对公民权利与自由所主宰的市民社会肆意践踏的危险就会随之而来。[2]风险社会的到来为刑事政策导向的刑法扩张提供了现实基础，但这并不意味着刑事政策可以盲目地推动刑法的扩张。在当前风险社会的背景下，刑事政策的积极化介入能使刑法更加灵活应对当下社会的状况，应当肯定刑事政策的早期介入与积极介入，预防刑法便是现实体现；但是，刑事政策的介入不应逾越"李斯特鸿沟"，即不能突破罪刑法定原则的界限。

风险社会下刑事政策导向的刑法是预防刑法，即刑事政策为了防范不确定的风险而对仅具有轻微法益侵害性或仅具有法益侵害风险的行为予以犯罪化，也称之为"轻微罪化"。这种风险社会背景下的犯罪化是一种特殊犯罪化，所针对的是早期化的法益侵害行为。较传统的犯罪而言，这种"轻微罪化"犯罪的罪质相对较轻，仅仅是因为风险社会下刑事政策为更好预防风险而推行的犯罪化。在刑法的早期介入时，实际的法益侵害结果往往没有发生或者尚未发生严重的法益侵害结果，此时适用刑罚措施便存在是否违反罪刑均衡原则的疑问。此外，我国刑法的随附后果过重，刑罚的严厉性不仅体现在刑罚本身对人身、财产的剥夺，更体现在刑罚的后续效果，如留下前科、背负犯罪人标签等。这种"轻微罪化"的扩张也存在违反罪刑均衡之虞。对于"轻微罪"应当适用"轻微罚"，这是罪刑均衡原则的应有之义：如危险驾驶罪、代替考试罪、使用虚假身份证件、盗用

---

[1] 邹兵建："跨越李斯特鸿沟：一场误会"，载《环球法律评论》2014年第2期。
[2] 陈兴良："刑法教义学与刑事政策的关系：从李斯特鸿沟到罗克辛贯通中国语境下的展开"，载《中外法学》2013年第5期。

身份证件罪的最高法定刑仅为拘役,这便是刑事政策对轻微罪采取"轻微罚"的体现。即使身处风险社会背景下,刑事政策为了实现对风险的防控而将罪质轻微的行为入罪化,也应当"轻罪轻罚",而不能违反罪刑均衡原则。

(二) 与我国二元违法体系的立法模式相协调

刑事政策的导入对于刑法体系而言可谓"牵一发而动全身",应当进行整体性考量。风险社会的现实要求刑法对法益进行前置化保护,但刑事政策导向的预防在"瞻前"的同时也应"顾后",不能忽视我国采取行政违法与刑事违法的二元违法体系的立法模式的现状。预防刑法的刑事立法应当考虑到我国二元违法体系的立法模式以及轻微罪转处、分流的实务难题。[1] 随着我国刑事政策从"厉而不严"向"严而不厉"转变,出现了很多仅具备行政违法性的行为,甚至连行政违法性都没有的行为也被直接赋予刑事违法性的情况,即刑事政策导向刑法扩张的现象。刑法只是社会规范之一,在我国二元违法的立法模式下,对于"越轨行为"的规制是否能随便调用刑法则需要审慎考量。

在我国二元违法体系下,刑事政策导向的预防刑法似乎不应过度侵入行政违法的管控领域。李斯特曾指出"最好的社会政策就是最好的刑事政策",而刑事政策强调对犯罪行为或者说越轨行为的治理则不仅包括刑罚处遇,更是包括了行政处遇及其他处遇措施。对于部分法益侵害性尚小的行为,在适用行政处遇足以惩戒犯罪的情况下,如果还强行适用刑罚处遇则显得过重。

(三) 与前科消灭及复权、轻微罪分流、追诉时效等程序制度相衔接

在前科消灭、复权机制等配套制度尚未建立的背景下,刑事政策导向的预防刑法的过度扩张给受刑人带来难以承受的后果:被判处刑罚意味着被判刑人终身都背负着"犯罪人"的标签。此外,过度扩张的"轻微罪化"也面临如何对这些轻微犯罪进行转处、分流的问题。刑法的扩张需要

---

[1] 刘艳红:"'风险刑法'理论不能动摇刑法谦抑主义",载《法商研究》2011年第4期。

有正当性自无疑问,但问题在于,有了正当性就能肆意扩张吗?如耶林所言,"刑罚如两刃之剑,用之不得其当,则国家与个人两受其害"。[1]过于超前的预防刑法,是否能达到预防的目的?还是只是徒然扩大打击面?而通过刑法预防这些行为是否能达到有效打击恐怖主义和极端主义的效果?这些问题都不得不引起重视。

与此同时,预防刑法所提前打击的是"轻微罪",对"轻微罪"如最高法定刑仅为拘役的危险驾驶罪是否有必要适用"轻罪"的5年追诉时效也存在疑问。显然,虽然是风险社会背景下刑事政策对风险进行提前控制,但也应考虑司法资源的有限性问题。此外,我国规定了前科报告制度,这给被判刑人带来的潜在影响是巨大的,很大程度上影响了被判刑人的社会复归,甚至可能使其继续回到犯罪的道路之上。

申言之,刑事政策在对风险采取前瞻性防控姿态的同时,也要"顾后":既要考虑到行政违法涵摄规制范围与刑事违法规制范围交叉地带,尤其是对行政刑法的适用;又要考虑到轻罪、微罪在当前司法资源有限、犯罪附随后果比刑罚更重的现状,适当的划定预防刑法的界限,实现与相关程序的有效衔接。

四、结语:在预防与惩罚之间进退

古典刑法理论认为,"刑法不是现代化的推动者,当然刑法需要以调整自身的方式来对现代化的挑战进行回应"。[2]风险社会洪流之下,刑法作为社会治理工具之一,已经难以独善其身。诚然,刑法本身的保障法性质要求刑法保持谦抑,但是刑法的谦抑性并不意味着刑法对变动的社会风险置之不理,抑或固守传统的规制模式。刑法是共同规范体系的根基,如果应予发动刑法而不发动,不仅不应当冠之以谦抑的美名,反而要受到渎

---

[1] 耶林语,转引自林山田:《刑罚学》,商务印书馆1985年版,第127页。

[2] [芬兰]基墨:"安全、风险与刑法",载梁根林主编:《当代刑法思潮论坛——刑事政策与刑法变迁》(第3卷),北京大学出版社2016年版。

结　论　风险社会下刑事政策的基本立场

职的严厉指责。[1]风险社会对预防性的强调与刑事政策功利性不谋而合，而刑法的工具性与严厉性属性也决定了刑法是社会治理的强有力手段。政策性导向的刑法能增强刑法应对社会现实的灵活性，使刑法能因时而变。因此，在风险社会的现实背景下，刑事政策应保持前瞻性姿态，有力发挥刑法作为社会治理工具的作用。

但是，政策导向的刑法蕴含着摧毁自由的巨大危险，有必要借助刑事责任基本原则对风险刑法进行规范与制约。[2]这也提醒我们刑事政策既要往前看，也应往后看。刑事政策对惩治犯罪与预防犯罪的功利性价值应当受到罪刑法定原则和罪刑均衡原则的限制；只有在刑法框架之内，刑事政策的目的与功利性的价值追求才具有合理性。[3]刑事政策导向的预防刑法的推进不可避免地导致犯罪数量的增加，而在我国刑罚附随后果过重，尤其是出罪机制不完善、前科消灭及复权机制等制度尚付之阙如、司法资源有限的背景下，也不得不考量如何进行轻微罪的分流与转处。

刑事政策的"前瞻性打击"不能逾越"李斯特鸿沟"，更应对二元违法体系，出罪机制，轻微罪分流、转处等机制进行整体性考量。申言之，风险社会现实下，刑事政策的进退可谓"牵一发而动全身"，应在维护安全价值和自由保障之间，在预防犯罪和打击犯罪之间求得进退之度，使刑罚恰如其分，既与风险社会的现实相适应，又与民生保障相契合。

---

[1] 何庆仁：“犯罪化的整体思考”，载《刑事法评论》2008年第2期。
[2] 劳东燕：“公共政策与风险社会的刑法”，载《中国社会科学》2007年第3期。
[3] 陈兴良：“刑法的刑事政策化及其限度”，载《华东政法大学学报》2013年第4期。

参考文献

著作类

[1]《论语·子路》。

[2]《孟子·梁惠王下》。

[3]《尚书·大禹谟》。

[4]《尚书·康浩》。

[5]《隋书·刑法志》。

[6]《唐律疏议·斗讼》。

[7][德]阿图尔·考夫曼:《法律哲学》,刘幸义等译,法律出版社 2011 年版。

[8][德]冯·李斯特:《论犯罪、刑罚与刑事政策》,徐久生译,北京大学出版社 2016 年版。

[9][德]弗兰茨·冯·李斯特:《德国刑法教科书》,徐久生译,法律出版社 2000 年版。

[10][德]古斯塔夫·拉德布鲁赫:《法律智慧警句集》,舒国滢译,中国法制出版社 2001 年版。

[11][德]黑格尔:《法哲学原理》,范扬、张企泰译,商务印书馆 2011 年版。

[12][德]克劳斯·罗克辛:《刑事政策与刑法体系》,蔡桂生译,中国人民大学出版社 2011 年版。

[13][德]拉德布鲁赫:《法学导论》,米健、朱林译,中国大百科全书出版社 1997 年版。

[14][德]威廉·冯·洪堡:《论国家的作用》,林荣远、冯兴元译,中国社会科学出版社 1998 年版。

[15] [德] 乌尔里希·贝克：《风险社会：新的现代性之路》，张文杰、何博闻译，译林出版社 2018 年版。

[16] [德] 乌尔里希·贝克：《世界风险社会》，吴英姿、孙淑敏译，南京大学出版社 2004 年版。

[17] [德] 乌尔里希·齐白：《全球风险社会与信息社会中的刑法：二十一世纪刑法模式的转换》，周遵友等译，中国法制出版社 2012 年版。

[18] [法] E. 迪尔凯姆：《社会学方法的准则》，狄玉明译，商务印书馆 1995 年版。

[19] [法] 卢梭：《社会契约论》，李平沤译，商务印书馆 2017 年版。

[20] [法] 孟德斯鸠：《波斯人信札》，罗大冈译，人民文学出版社 2020 年版。

[21] [法] 孟德斯鸠：《论法的精神》，许明龙译，商务印书馆 2012 年版。

[22] [法] 米海依尔·戴尔玛斯-马蒂：《刑事政策的主要体系》，卢建平译，法律出版社 2000 年版。

[23] [古希腊] 亚里士多德：《政治学》，吴寿彭译，商务印书馆 1983 年版。

[24] [美] E. 博登海默：《法理学——法哲学及其方法》，邓正来、姬敬武译，华夏出版社 2007 年版。

[25] [美] 费里德曼：《法律制度》，李琼英、林欣译，中国政法大学出版社 1994 年版。

[26] [美] 詹姆斯·科尔曼：《社会理论的基础》，邓方译，社会科学文献出版社 1992 年版。

[27] [美] 理查德·霍金斯、杰弗里·P. 阿尔珀特：《美国监狱制度——刑罚与正义》，孙晓雳、林遐译，中国人民公安大学出版社 1991 年版。

[28] [美] 路易丝·谢利：《犯罪与现代化——工业化与城市化对犯罪的影响》，何秉松译，群众出版社 1986 年版。

[29] [美] 约翰·罗尔斯：《正义论》，何怀宏、何包钢、廖申白译，中国社会科学出版社 1988 年版。

[30] [美] 罗斯科·庞德：《通过法律的社会控制》，沈宗灵译，商务印书馆 2010 年版。

[31] [美] 迈克尔·D. 贝勒斯：《法律的原则——一个规范的分析》，张文显等译，中国大百科全书出版社 1996 年版。

[32] [日] 大谷实：《刑事政策学》，黎宏译，法律出版社 2000 年版。

[33] [日] 大塚仁：《犯罪论的基本问题》，冯军译，中国政法大学出版社 1993 年版。

[34] [日] 大塚仁：《刑法概说》（总论），冯军译，中国人民大学出版社 2003 年版。

[35] [日] 宫泽浩一：《演习刑事政策》，青林书院新社 1972 年版。

[36] [日] 加藤久雄：《刑事政策学入门》，立花书房 1991 年版。

[37] [日] 平野龙一：《刑法总论》，有斐阁 1972 年版。

[38] [日] 石原一彦等：《现代刑罚法大系》，日本评论社 1984 年版。

[39] [日] 中山研一等主编：《经济刑法入门》，成文堂 1994 年版。

[40] [苏联] C. C. 阿列克谢耶夫：《法的一般理论》（上册），黄良平、丁文琪译，法律出版社 1988 年版。

[41] [意] 贝卡里亚：《论犯罪与刑罚》，黄风译，中国大百科全书出版社 1993 年版。

[42] [意] 恩里科·菲利：《犯罪社会学》，郭建安译，商务印书馆 2021 年版。

[43] [意] 恩里科·菲利：《犯罪社会学》，郭建安译，中国人民公安大学出版社 1990 年版。

[44] [意] 恩里科·菲利：《实证派犯罪学》，郭建安译，商务印书馆 2016 年版。

[45] [意] 加罗法洛：《犯罪学》，耿伟、王新译，商务印书馆 2020 年版。

[46] [意] 切萨雷·龙勃罗梭：《犯罪人论》，黄风译，中国法制出版社 2000 年版。

[47] [英] J. C. 史密斯、B. 霍根：《英国刑法》，李贵方等译，法律出版社 2000 年版。

[48] [英] 边沁：《道德与立法原理导论》，时殷弘译，商务印书馆 2000 年版。

[49] [英] 吉米·边沁：《立法理论——刑法典原理》，李贵方等译，中国人民公安大学出版社 1993 年版。

[50] 蔡墩铭：《法治与人权——司法批判》，敦理出版社 1987 年版。

[51] 陈兴良：《刑法的价值构造》，中国人民大学出版社 1998 年版。

[52] 陈兴良：《刑法的人性基础》，中国方正出版社 1999 年版。

[53] 陈兴良主编：《刑事法评论》（第 10 卷），中国政法大学出版社 2002 年版。

[54] 陈兴良：《刑事法总论》，群众出版社 2020 年版。

[55] 陈兴良主编：《经济刑法学》，中国社会科学出版社 1990 年版。

[56] 陈兴良：《刑法适用总论》，法律出版社 1999 年版。

[57] 陈兴良：《走向哲学的刑法学》，法律出版社 1999 年版。

[58] 储槐植：《美国刑法》，北京大学出版社 1996 年版。

[59] 单长宗等主编：《新刑法研究与适用》，人民法院出版社 2000 年版。

[60] 刁荣华主编：《中西法律思想论集》，汉林出版社 1984 年版。

[61] 费孝通：《乡土中国》，人民出版社 2008 年版。

[62] 付立庆：《法治的脸谱》，中国检察出版社 2004 年版。

[63] 高格、孙占茂主编：《刑事法学词典》，吉林大学出版社 1987 年版。

[64] 高铭暄：《刑法学原理》（第 1 卷），中国人民大学出版社 1993 年版。

[65] 何秉松：《犯罪构成系统论》，中国法制出版社 1995 年版。

[66] 何秉松主编：《法人犯罪与刑事责任》，中国法制出版社 1991 年版。

[67] 谢安山、严励主编：《综合治理社会治安工作手册》，吉林人民出版社 1986 年版。

[68] 黄荣坚：《刑罚的极限》，元照出版公司 1999 年版。

[69] 江华：《江华司法文集》，人民法院出版社 1989 年版。

[70] 康树华：《青少年法学》，北京大学出版社 1986 年版。

[71] 劳东燕：《刑法基础的理论展开》，北京大学出版社 2008 年版。

[72] 李海东：《刑法原理入门犯罪论基础》，法律出版社 1998 年版。

[73] 梁根林：《刑罚结构论》，北京大学出版社 1998 年版。

[74] 梁根林：《刑事政策：立场与范畴》，法律出版社 2005 年版。

[75] 林山田：《刑罚学》，商务印书馆 1991 年版。

[76] 林山田：《刑法特论》，北京大学出版社 2019 年版。

[77] 马克昌主编：《近代西方刑法学史略》，中国检察出版社 1996 年版。

[78] 马克昌主编：《刑罚通论》，武汉大学出版社 1999 年版。

[79] 宋四辈：《中国传统刑法理论与实践》，郑州大学出版社 2004 年版。

[80] 孙谦：《国家工作人员职务犯罪研究》，中国检察出版社 2019 年版。

[81] 王利明主编：《民法·侵权行为法》，中国人民大学出版社 1993 年版。

[82] 王利明：《侵权行为法归责原则研究》，中国政法大学出版社 1992 年版。

[83] 王作富主编：《刑法》，中国人民大学出版社 2019 年版。

[84] 王智民、黄京平：《经济发展与犯罪变化》，中国人民大学出版社 1992 年版。

[85] 肖剑鸣：《无形之手——现代化与犯罪潮》，重庆出版社 1996 年版。

[86] 肖扬主编：《中国刑事政策和策略问题》，法律出版社 1996 年版。

[87] 许福生：《刑事学讲义》，国兴出版社 2001 年版。

[88] 张明楷：《法益初论》，中国政法大学出版社 2000 年版。

[89] 张明楷：《外国刑法纲要》，清华大学出版社 2009 年版。

[90] 张明楷：《刑法的基础观念》，中国检察出版社 1995 年版。

[91] 张明楷：《刑法格言的展开》，法律出版社 1999 年版。

[92] 张明楷：《刑法学》，法律出版社 1997 年版。

[93] 张明楷：《刑法格言的展开》，法律出版社 2003 年版。

[94] 张小虎：《转型期中国社会犯罪原因探析》，北京师范大学出版社 2002 年版。

[95] 张旭：《犯罪学要论》，法律出版社 2003 年版。

[96] 赵秉志：《刑法基础理论探索》，法律出版社 2003 年版。

[97] 周光权：《刑法诸问题的新表述》，中国法制出版社 1999 年版。

[98] 周密：《中国刑法史》，群众出版社 1985 年版。

论文类

[1] ［德］乌尔斯·金德霍伊泽尔、刘国良："安全刑法：风险社会的刑法危险"，载《马克思主义与现实》2005 年第 3 期。

[2] ［芬兰］基墨："安全、风险与刑法"，载梁根林主编：《当代刑法思潮论坛——刑事政策与刑法变迁》（第三卷），北京大学出版社 2016 年版。

[3] 白建军："刑事政策的运作规律"，载《中外法学》2004 年第 5 期。

[4] 蔡道通："论'放小'的刑事政策"，载《南京师大学报（社会科学版）》2002 年第 1 期。

[5] 陈妮："对刑罚轻缓化和社会化的思考"，载《理论探索》2001 年第 5 期。

[6] 陈兴良、周光权："困惑中的超越与超越中的困惑——从价值观角度和立法技术层面的思考"，载陈兴良主编：《刑事法评论》（第 2 卷），中国政法大学出版社 1998 年版。

[7] 陈兴良："论刑法哲学的价值内容和范畴体系"，载《法学研究》1992 年第 2 期。

[8] 陈兴良："刑法的刑事政策化及其限度"，载《华东政法大学学报》2013 年第 4 期。

[9] 陈兴良："刑法教义学与刑事政策的关系：从李斯特鸿沟到罗克辛贯通中国语境下的展开"，载《中外法学》2013 年第 5 期。

[10] 陈兴良："刑法谦抑的价值蕴含"，载《现代法学》1996 年第 3 期。

[11] 陈兴良："刑事政策视野中的刑罚结构调整"，载《法学研究》1998 年第 6 期。

[12] 储槐值："认识犯罪规律，促进刑法思想现实化——对犯罪和刑罚的再思考"，载《北京大学学报（哲学社会科学版）》1988 年第 3 期。

[13] 储槐植："刑事政策：犯罪学的重点研究对象和司法实践的基本指导思想"，载

《福建公安高等专科学校学报·社会公共安全研究》1999年第5期。

[14] 储槐植:"刑事政策的概念、结构和功能",载《法学研究》1993年第3期。

[15] 储槐植:"严而不厉:为刑法修订设计政策思想",载《北京大学学报(哲学社会科学版)》1989年第6期。

[16] 戴长林、刘晓云:"罚金刑完善之思考",载《人民司法》编辑部编:《当代刑罚价值研究》,法律出版社2003年版。

[17] 高铭暄、陈兴良:"挑战与机遇:面对市场经济的刑法学研究",载《中国法学》1993年第6期。

[18] 高铭暄、孙道萃:"预防性刑法观及其教义学思考",载《中国法学》2018年第1期。

[19] 韩春光:"中国传统'慎刑'思想及其现代价值",载《当代法学》2002年第4期。

[20] 何庆仁:"犯罪化的整体思考",载《刑事法评论》2008年第2期。

[21] 何荣功:"'预防性'反恐刑事立法思考",载《中国法学》2016年第3期。

[22] 胡隽:"论单位犯罪刑罚体系之完善",载《江西公安专科学校学报》2012年第4期。

[23] 黄风:"论意大利非刑事化立法",载《外国法学研究》1987年第4期。

[24] 黄卿堆、马立东:"社会转型中刑罚观念之定位",载《当代法学》2002年第2期。

[25] 贾宇:"废除死刑的理性思考和现实选择",载《刑法学研究新视野》中国人民公安大学出版社1995年版。

[26] 孔华、刘文义:"完善我国单位犯罪刑罚制度的思考",载《黑龙江省政法管理干部学院学报》2002年第3期。

[27] 劳东燕:"风险社会与变动中的刑法理论",载《中外法学》2014年第1期。

[28] 劳东燕:"公共政策与风险社会的刑法",载《中国社会科学》2007年第3期。

[29] 劳东燕:"罪刑法定的明确性困境及其出路",载《法学研究》2004年第6期。

[30] 黎宏、王龙:"论非犯罪化",载《中南政法学院学报》1991年第2期。

[31] 李光钰:"城镇化进程中的社会稳定维护探析",载《山东警察学院学报》2015年第4期。

[32] 李娜、罗欣:"略论新刑法中的轻刑化问题",载《湖南政法管理干部学院学报》2000年第4期。

[33] 梁根林:"非刑罚化——当代刑法改革的主题",载《现代法学》2000年第6期。

[34] 梁根林:"论犯罪化及其限制",载《中外法学》1998年第3期。

[35] 林亚刚:"论刑罚适度和人身危险性",载《人民司法》编辑部编:《当代刑罚价

值研究》，法律出版社 2003 年版。

[36] 刘家琛："论刑罚适用及其价值取向"，载《人民司法》编辑部编：《当代刑罚价值研究》，法律出版社 2003 年版。

[37] 刘艳红："'风险刑法'理论不能动摇刑法谦抑主义"，载《法商研究》2011 年第 4 期。

[38] 卢建平："刑事政策学的基本问题"，载《法学》2004 年第 2 期。

[39] 马克昌："罪刑法定主义比较研究"，载《中外法学》1997 年第 2 期。

[40] 倪春乐："'预防性'正义及其风险——中国反恐刑事立法审视"，载《上海政法学院学报（法治论丛）》2018 年第 2 期。

[41] 潘斌："风险社会的正义分配：基于差别原则的正义衡量"，载《华中科技大学学报（社会科学版）》2018 年第 5 期。

[42] 邱兴隆："嬗变的理性与理性的嬗变"，载邱兴隆：《罪与罚讲演录》（第 1 卷），中国检察出版社 2000 年版。

[43] 舒洪水、张晶："法益在现代刑法中的困境与发展——以德、日刑法的立法动态为视角"，载《政治与法律》2009 年第 7 期。

[44] 苏惠渔、孙万怀："刑法的意义与国家刑权力的调整——对人权两《公约》的刑法评释"，载法苑精萃编委会编：《中国刑法学精萃》（2001 年卷），机械工业出版社 2002 年版。

[45] 苏惠渔、游伟："论我国刑事立法发展的几个原则问题"，载《法学评论》1991 年第 5 期。

[46] 苏惠渔、游伟："社会转型时期我国刑事立法思想探讨"，载《法学》1994 年第 12 期。

[47] 孙国祥，"针对国家刑罚权的人权保护论纲"，载中国人民大学刑事法律科学研究中心组织编：《现代刑事法治问题探索》（第 2 卷），法律出版社 2004 年版。

[48] 孙国祥："论司法中刑事政策与刑法的关系"，载《法学论坛》2013 年第 6 期。

[49] 孙万怀、李泽龙、苏义宝："论行刑的人道主义"，载本书编辑委员会编：《社会转型时期的刑事法理论》，法律出版社 2004 年版。

[50] 王明、康瑛："刑罚轻缓化的正当根据与其实现"，载《人民司法》2013 年第 4 期。

[51] 王勇："轻刑化：中国刑法发展之路"，载赵秉志、张智辉、王勇：《中国刑法的运用与完善》，法律出版社 1989 年版。

[52] 魏东："论罪刑法定原则的刑事司法意义——从一起强迫介绍妇女'做小姐'并

收取中介服务费的案例谈起",载《国家检察官学院学报》2003年第2期。

[53] 谢望原:"伤熊事件的法律责任",载《法制日报》2002年3月5日。

[54] 谢望原:"西欧探寻短期监禁刑替代措施的历程",载《政法论坛》2001年第2期。

[55] 谢望原:"刑罚价值关系论",载《法学家》1998年第3期。

[56] 谢锡美:"西方国家刑罚结构两极化走向背景透视",载《杭州商学院学报》2002年第5期。

[57] 严励:"刑事法律观念的转换",载《政治与法律》2000年第6期。

[58] 严励:"刑事政策的价值目标——刑事政策的理性思辨之一",载《法制与社会发展》2003年第5期。

[59] 阴晓光、杨荣学:"减轻处罚情节的理解与运用",载《法学杂志》1998年第1期。

[60] 游伟、孙万怀:"明确性原则与'罪刑法定'的立法设计——兼评修订后的《中华人民共和国刑法》",载《法学》1998年第4期。

[61] 游伟、谢锡美:"犯罪化原则与我国的'严打'政策",载《法律科学(西北政法学院学报)》2003年第1期。

[62] 游伟、谢锡美:"非犯罪化思想研究",载陈兴良主编:《刑事法评论》(第10卷),中国政法大学出版社2002年版。

[63] 张明楷:"'风险社会'若干刑法理论问题反思",载《法商研究》2011年第5期。

[64] 张明楷:"论刑法的谦抑性",载《法商研究(中南政法学院学报)》1995年第4期。

[65] 张明楷:"新刑法与并合主义",载《中国社会科学》2000年第1期。

[66] 张明楷:"刑法在法律体系中的地位——兼论刑法的补充性与法律体系的概念",载《法学研究》1994年第6期。

[67] 张绍谦:"论我国刑罚制度改革中的观念更新",载本书编辑委员会编:《社会转型时期的刑事法理论》,法律出版社2004年版。

[68] 张旭:"风险社会的刑事政策方向选择",载《吉林大学社会科学学报》2011年第2期。

[69] 赵秉志、陈志军:"论我国短期自由刑问题的应对方案",载《人民司法》2003年第8期。

[70] 赵贵龙:"论非刑罚化思想在司法中的价值定位",载《人民司法》2002年第7期。
[71] 邹兵建:"跨越李斯特鸿沟:一场误会",载《环球法律评论》2014年第2期。